LA FIN DE LA MONDIALISATION

DU MÊME AUTEUR

La crise des années 30 est devant nous, Perrin, 2007.
La Guerre des empires. Chine contre États-Unis, Fayard, 2010.
Qui va payer la crise ?, Fayard, 2012.

François Lenglet

LA FIN DE LA MONDIALISATION

Fayard

Ouvrage édité sous la direction
de Fabrice d'Almeida

Couverture : Atelier Didier Thimonier,
photographie © Charlotte Schousboe

ISBN : 978-2-213-67810-8

INTRODUCTION

L'éclipse

Il y a trente ans, un film racontait les tribulations d'une bouteille de Coca-Cola tombée en Afrique du Sud, du haut d'un avion en plein vol. Bouteille qui suscitait la perplexité des habitants. Quoi de plus incongru que ce symbole de la société de consommation dans les steppes du Botswana ? Deux mondes étrangers l'un à l'autre se trouvaient réunis par coïncidence. D'où les rebondissements et le succès du film, *Les dieux sont tombés sur la tête*. Une telle histoire n'est plus vraisemblable aujourd'hui. Il n'y a plus une région du monde qui vive recluse et protégée au point de ne pas connaître la grande marque américaine de soda.

Aujourd'hui, c'est au contraire la persistance des particularismes qui suscite la surprise du voyageur au long cours. Dans un monde globalisé, on ne s'étonne plus de l'effacement des frontières, mais de leur résistance. Comme s'il y avait là une inexplicable survivance, s'opposant à la progression des technologies. Résistant à l'incroyable unification des modes et des pensées, des coutumes et des costumes. Il y a cent ans exactement, rapporte l'historien Niall Ferguson, le banquier Albert Kahn entreprenait une expédition planétaire pour constituer un fonds photographique inouï, les Archives de la planète, afin de recenser et d'immortaliser en quelque soixante-quinze mille clichés tous les folklores des Terriens, « dont la disparition fatale n'est plus qu'une question de temps », dira-t-il de façon prophétique. Un Albert Kahn des Temps modernes serait bien en peine de constituer un fonds documentaire aussi varié. De Katmandou à Brest, il photographierait le même uniforme : une paire de jeans, une robe Zara ou une veste Ralph Lauren. S'il pénétrait dans une maison, quelle que soit sa localisation sur la planète, il tomberait sur le même Smartphone. Le même paquet de cigarettes. À la télévision, les mêmes personnages de la même série. Et dans le réfrigérateur, la même pizza sous vide. Cette fois-ci, les dieux sont vraiment tombés sur la tête. Jamais le monde n'a été aussi uniforme.

La mondialisation a atteint son point le plus avancé de l'histoire. En matière de commerce, nous avons retrouvé, et même dépassé, le niveau élevé qui prévalait avant la Première Guerre mondiale, lorsque la valeur des échanges de biens comptait pour 75 % de la production industrielle mondiale. Depuis, les flux de marchandises n'ont cessé de progresser pour effleurer, juste avant la crise mondiale, la barre des 130 % de la production du globe, après une décennie d'ascension verticale, tirée par les ventes du premier exportateur de la planète, la Chine. Les flux d'investissements internationaux étaient aussi à leur zénith, franchissant les frontières sans encombre, avec la facilité de circulation désormais garantie à l'argent. Les communications ont littéralement explosé, avec les milliards de téléphones portables et l'irrigation croissante de la planète avec internet. Les marchandises, les capitaux, les hommes et les informations semblent glisser d'un point à l'autre du globe, sans friction ni entraves, grâce à l'amélioration continue des technologies de transport et de communication et à la baisse de leur prix. Alors que les coûts de transport comptaient encore pour 8 % de la valeur des importations en 1970, ils ne pèsent plus que 3 % aujourd'hui. Entretemps, le développement des conteneurs – et l'augmentation considérable de la taille des navires, qui peuvent transporter aujourd'hui jusqu'à quatorze mille de ces « boîtes » – a permis des gains de productivité inespérés.

Finance « renationalisée »

La mondialisation semble toujours progresser, et ce de façon continue. C'est pourtant une double illusion. D'abord parce que son histoire est ponctuée d'interruptions et de reculs. Elle n'a rien d'inéluctable, mais connaît au contraire des éclipses prolongées, qui peuvent durer plusieurs décennies, lorsque les frontières se ferment. Ensuite parce qu'il est probable qu'une de ces éclipses ait commencé depuis peu, sous nos yeux. Et qu'elle transforme l'économie et la société de nos pays dans les années qui viennent, débouchant sur une organisation différente du modèle libéral auquel nous sommes habitués. Nous sommes à la veille d'un gigantesque retournement idéologique comme il en survient un à deux par siècle, dont l'ombre portée s'étendra sur les décennies qui viennent.

Les signes de retournement se multiplient. Tout d'abord, la mondialisation financière, la plus sensible à l'air du temps, la plus volatile, est en panne. La valeur des actifs financiers planétaires était, en 2007, de 206 trillions – c'est-à-dire de milliers de milliards – de dollars[1]. Soit 355 % du pib mondial. À la veille de la crise, la valeur de toutes les actions et obligations de la planète représentait donc presque quatre années de création de richesse réelle... Depuis, ce rapport a chuté de 50 points de pib, et la croissance est à peu près nulle. Ce dégonflement bienvenu s'explique en large partie par la chute des titres du secteur de la finance, qui était soufflé par une bulle spéculative. Le socle de la mondialisation financière s'est donc érodé.

Parallèlement, les flux de capitaux internationaux qui irriguaient la planète connaissent une chute spectaculaire. Depuis 2007, ils ont diminué de 60 %. Un tel à-coup est sans précédent depuis la Seconde Guerre mondiale. Et l'on ne voit pas de signe de redressement. Or, le montant de ces flux transfrontières est un indicateur essentiel de l'intégration. Leur chute signale un mouvement tout à fait inhabituel de renationalisation de la finance, que l'on constate surtout en Europe. Les banques de la zone euro ont ainsi réduit leurs prêts internationaux de presque 3 000 milliards de dollars depuis 2007. La Banque des règlements internationaux (BRI) indique même dans un rapport récent que la contraction d'une année sur l'autre atteint 8 % dans les pays riches et 20 % en Europe… Conséquence, la moitié des courants financiers transfrontières au sein de la zone euro proviennent désormais des institutions publiques, la Banque centrale européenne (BCE) en particulier.

Les acteurs privés, eux, se sont repliés à l'intérieur de leurs frontières nationales. Pour des raisons réglementaires, certes, mais aussi parce que la « double crise », les *subprimes* aux États-Unis en 2007-2008 et les dettes de la zone euro en 2010-2012, a choqué les esprits et affaibli les bilans. Dans les temps incertains, même les financiers les plus audacieux retrouvent le réflexe primitif de se mettre à l'abri des frontières qu'ils connaissent parce que ce sont celles de leur pays. Les banques ont ainsi vendu massivement leurs actifs à l'étranger pour se recentrer sur leur territoire. À la mi-2013, le niveau d'intégration financière de la zone euro était retombé au niveau de 1999, avant l'introduction de la monnaie unique !

Ce mouvement, s'il est plus prononcé dans la zone euro, ne se limite pas au Vieux Continent, selon le *Financial Times* : « La renationalisation est un phénomène mondial. » Le quotidien britannique souligne : « L'appétit des banques pour le risque s'est affaibli et les autorités de régulation ont encouragé la détention d'actifs sains dans le pays d'origine[2]. » Jusqu'en 2013, les pays émergents ont semblé non seulement protégés de ce mouvement, mais ils ont au contraire accueilli davantage de capitaux étrangers, par un jeu de bascule habituel. Mais c'est fini. Aujourd'hui, la Chine, le Brésil, la Russie et l'Inde ralentissent, certains connaissent des troubles sociaux importants, ils voient à leur tour déserter les capitaux internationaux. Même l'argent sait ce qu'est une frontière, même l'argent a une patrie – il s'en souvient lorsque l'inquiétude gagne.

Côté pile, cette nationalisation de la finance réduit les risques de crise. Parce que le capital étranger est plus volatil et peureux que l'épargne nationale, un pays qui se finance avec une forte proportion d'argent venu d'ailleurs court le risque de se trouver brutalement démuni, avec des taux d'intérêt qui flambent faute de prêteurs en nombre suffisant. Tous les pays d'Europe du Sud ont fait cette expérience à l'occasion de la crise des dettes souveraines. À l'inverse, un pays financé en large partie par l'épargne nationale est protégé, comme l'est le Japon malgré sa dette énorme. Mais côté face, cette nationalisation de la finance va encore accroître les différences de conjoncture et de compétitivité au sein de la zone euro. Certains pays – ceux d'Europe du Nord – bénéficieront d'un surfinancement, grâce à un capital très abondant avec leur épargne, alors que d'autres pourraient devenir des régions asséchées et impropres à la croissance.

Quant aux investissements directs, effectués par les entreprises pour créer ou développer leur production à l'international, ils ont encore chuté de 15 % en 2012, selon les estimations du cabinet de consultants McKinsey[3]. Ce reflux, qu'il faut expliquer en partie par la faible croissance mondiale et en particulier dans les pays développés, signale que les entreprises elles-mêmes ont mis le pied sur le frein dans la mondialisation de leurs chaînes de production, qui avait été un trait majeur des années 1990 et 2000.

Autre signe de retournement, le nombre de fusions-acquisitions, ces opérations de rapprochement entre entreprises souvent de nationalités différentes, est au plus bas depuis le premier semestre 2004, selon l'organisme Dealogic, qui en tient la comptabilité. Une banque, Crédit Suisse, estime que ces fusions transfrontières ont diminué de 20 % au premier semestre 2013 par rapport à l'année précédente. Là encore, la faible activité économique mondiale joue un rôle dans l'explication de ces indicateurs déprimés. Mais en bonne logique, la forte hausse des marchés boursiers aurait dû relancer la fureur d'acheter, car c'est toujours le déterminant principal dans le redémarrage des opérations financières. Cela n'a pas été le cas.

Commerce en panne

Voilà pour la circulation de l'argent. Quant à celle des marchandises, elle marque le coup, elle aussi. Le commerce mondial n'a toujours pas retrouvé la santé qu'il affichait avant la crise, lorsqu'il a connu une chute libre dans les mois qui ont suivi la faillite de la banque d'affaires Lehman Brothers, en septembre 2008. Il n'a progressé que de 2 % en 2012, et devrait connaître une croissance du même ordre en 2013, c'est-à-dire plus de deux fois inférieure à la moyenne des années 1992-2012. En 2012, les échanges de marchandises ont connu une évolution quasiment identique à celle de la croissance économique mondiale. Ce qui signifie que la part des exportations dans la richesse mondiale est restée stable. Cette part n'a toujours pas retrouvé son point haut d'avant la crise, en 2007.

Et encore s'agit-il ici de volume car, exprimées en dollars, les exportations ont flirté avec la récession en 2012, à cause de la baisse des prix des matières premières transportées, qui a minoré les chiffres d'affaires : le commerce mondial a connu une croissance zéro en 2012, et il y a toutes les chances pour qu'il en soit de même en 2013. En Europe, il s'agit même d'une forte contraction, puisque les échanges intracommunautaires ont diminué de 5 %. Sur le plan mondial, en 2013, le niveau d'échanges internationaux est inférieur de 17 % à ce qu'il aurait dû être si nous avions conservé le rythme d'avant Lehman Brothers. C'est une différence considérable, qu'aucune période n'a connue depuis la Seconde Guerre mondiale. « Il reste à voir quand – et si – la croissance [des échanges internationaux] retrouvera sa tendance d'avant la crise, note l'Organisation mondiale du commerce (OMC) dans un communiqué daté du 10 avril 2013. Non seulement les séries de données montrent une baisse de niveau durable, mais le taux de croissance fondamental du volume du commerce mondial semble aussi avoir diminué. »

La faiblesse de la croissance économique explique en partie ces chiffres si médiocres. Il y a en effet un lien entre croissance du pib et dynamisme du commerce, même si l'on ne sait pas très bien dans quel sens joue la relation de causalité. En principe, les statistiques du commerce international suivent et amplifient, à la hausse comme à la baisse, l'évolution de la croissance économique.

Mais il n'y a pas que cela. Alors que les outils traditionnels de la politique économique – le budget – et de la politique monétaire – la baisse des taux d'intérêt – sont hors d'usage, les États se tournent vers le protectionnisme commercial. Dans les discours, tous les responsables publics proscrivent les mesures qui visent à limiter la pénétration des produits étrangers sur leurs marchés. Dans les faits, c'est très différent. « Le protectionnisme a fait un retour silencieux mais agressif à la fin 2012 et au début 2013 », note Global Trade Alert (GTA), un centre de recherche qui comptabilise les entraves à la libre circulation des biens et des services. De la mi-2012 à la mi-2013, GTA a recensé quatre cent trente et une nouvelles mesures protectionnistes, subventions directes ou déguisées, droits de douane et autres manifestations de la préférence nationale. Cent quatre-vingts autres seraient en préparation. Un tiers de ces mesures provient de pays du G8, et deux tiers du G20. Ce sont l'Europe, le Venezuela et la Russie qui sont désignés comme les plus enclins à ce comportement, tandis que la Chine en est la première victime.

Jamais depuis le début de la crise le protectionnisme n'a connu un tel succès, note GTA dans son rapport. Un diagnostic qui fait écho à celui de Pascal Lamy, ex-directeur de l'Organisation mondiale du commerce : « La menace du protectionnisme est peut-être plus forte qu'elle ne l'a jamais été depuis le début de la crise », déclarait-il en avril 2013 à Genève.

L'Organisation mondiale du commerce elle-même est complètement ensablée. Les négociations du cycle de Doha, lancées au plus fort de la spéculation et des déséquilibres commerciaux planétaires, sont à l'arrêt depuis l'été 2008 – curieusement, ces discussions ont capoté quelques semaines avant la faillite de Lehman Brothers, à cause de blocages américains et indiens. Comme si la fatigue du libre-échange et le déclenchement de la crise financière étaient parfaitement synchrones. Le multilatéralisme, c'est-à-dire la conduite de négociations planétaires, impliquant les cent cinquante-neuf membres de l'OMC, a pris un coup. La multiplication des sujets et des parties prenantes a fait de l'OMC une véritable tour de Babel. Créé en 2001, dans l'euphorie de la mondialisation fin de siècle, cet organisme pourrait ne pas survivre à l'époque qui l'a fait naître. Prévu pour être un forum de négociation, il n'est plus aujourd'hui qu'une chambre d'enregistrement de plaintes pour dumping ou protectionnisme. En 2012, il a ainsi enregistré trois fois plus de demandes de règlement de différends que l'année précédente. Demandes émanant pour moitié d'entre elles de la Chine et des États-Unis.

« Nous ne parvenons même plus à déclencher une bonne manifestation », regrettait récemment un dirigeant de l'organisation genevoise[4]. Et c'est vrai : en 1999, à Seattle, les négociations commerciales internationales avaient déchaîné plus de cent mille manifestants, parfois violents. Plus personne ne songe à de telles outrances. Pourquoi éperonner une bête moribonde ? Idem avec le sommet de Porto Alegre, le contre-Davos brésilien, qui pourfendait la mondialisation marchande en vociférant contre les élites. De façon paradoxale, les manifestants de Seattle et les congressistes de Porto Alegre ont remporté une victoire qui a causé leur perte : le système qu'ils critiquaient est si malade qu'il ne parvient plus à faire peur. Depuis le déclenchement de la crise, le Forum économique mondial de Davos lui-même consacre une partie substantielle de son programme aux thèmes qui étaient naguère traités chez les altermondialistes : la mondialisation est-elle allée trop loin ? Le commerce fait-il le bonheur ? Comment réguler la finance ?

Sur les ruines du multilatéralisme, d'autres initiatives émergent, bilatérales celles-ci. Comme les négociations commerciales entre les États-Unis et l'Europe, en juillet 2013. Complexes et laborieuses, elles pourraient rejoindre bientôt le vaste cimetière des discussions à jamais inabouties. La première séance, qui se déroulait aux États-Unis, a montré l'ampleur des obstacles à vaincre. Car si les États-Unis ont une approche intégrée et cohérente, les Européens ont bien évidemment des intérêts commerciaux divergents. C'est donc à l'intérieur de l'Union, entre la France et l'Allemagne en particulier, que les discussions seront les plus vives.

Dans la plupart des démocraties, le soutien politique au libre-échange a fortement chuté avec la crise. En France, il est traditionnellement très bas, tout comme l'enthousiasme pour l'économie de marché… Mais c'est aux États-Unis qu'il s'effondre désormais. 71 % des citoyens américains sont préoccupés par les destructions d'emplois potentielles que cause le commerce avec la Chine, selon une étude de Pew Research Center de septembre 2012[5], alors que seuls 15 % des élites américaines du business sont dans le même état d'esprit. La même fracture est perceptible sur la dépendance financière de l'Amérique vis-à-vis de la Chine, jugée un « très sérieux problème » par 78 % des sondés dans la population générale, selon la même étude, et par seulement 20 % des élites de l'administration et de l'université. Il est loin le temps où le président Clinton, dans les années 1990, obtenait du Congrès les pleins pouvoirs pour faire avancer les négociations commerciales internationales.

L'autre phénomène récent est celui du « reshoring », ou le rapatriement de la chaîne de production dans les pays développés, aux États-Unis en particulier. Le symbole de ce mouvement a été la décision d'Apple de réimplanter une usine de production d'ordinateurs sur le sol américain, au Texas. Il y a là un vrai changement : c'est la première fois depuis vingt ans que le constructeur investit pour la production aux États-Unis. Certes, il ne s'agit que de 100 millions de dollars et de deux cents emplois. Mais Apple n'est pas seul.

L'année dernière, General Electric a rapatrié aux États-Unis la fabrication de réfrigérateurs, de chauffages portatifs et de lave-linge. Autant de produits qui étaient jusqu'alors faits en Chine, et qui le seront désormais dans une usine du Kentucky, qui était menacée il y a quelques années encore. Caterpillar a ouvert une usine pour produire au Texas ses excavatrices. Quant à ET Water Systems, une firme qui industrialise des systèmes d'irrigation, elle avait délocalisé en 2005, toujours vers la Chine. En 2010, lassée de mobiliser un stock important de machines dans de longues traversées maritimes, elle compare les coûts de fabrication de part et d'autre du Pacifique… et réalise que l'écart n'est que de 10 % au détriment de la Californie, sans compter les gains en transport et les avantages de la proximité. Elle rapatrie donc sa production. Comme bon nombre d'entreprises, ET Water Systems avait suivi la mode. Produire en Chine, c'était forcément mieux et moins cher. Et comme la plupart de celles qui ont tenté l'expérience, elle a peu à peu découvert les coûts cachés de la délocalisation.

Selon une étude du Boston Consulting Group, 37 % des entreprises dont le chiffre d'affaires est supérieur à 1 milliard de dollars ont l'intention de rapatrier une partie de leur production. Parmi les plus grosses, la moitié aurait des projets de relocalisation. Signe de ces temps nouveaux, l'Amérique a recréé quelque 300 000 emplois dans l'industrie depuis 2010… Ce qui pourrait aussi expliquer la moindre croissance des échanges commerciaux.

L'éclatement des chaînes de production industrielle sur plusieurs pays a en effet été un facteur déterminant dans la croissance du commerce observée durant les années 2000. C'est justement Apple qui était l'illustration de cette tendance, avec la production de l'iPhone : l'assemblage se fait en Chine, avec des composants venus des États-Unis, de Taïwan, d'Allemagne, de Corée… Le tout piloté depuis la Californie pour alimenter les magasins du monde entier. La seule production d'un Smartphone comme celui-ci fait donc bondir les statistiques du commerce international pour une valeur bien supérieure à son prix final, car certains composants franchissent les frontières plusieurs fois, au fil du processus de fabrication et d'assemblage. Le « contenu en importations » des exportations a sensiblement augmenté dans les années 2000. La chute des coûts de transport et la quasi-disparition des tarifs douaniers ont permis aux entreprises de profiter des réserves de travail les moins chères possibles dans le monde, quelle que soit leur localisation. Et le développement des technologies de communication a autorisé le suivi en temps réel de chaînes de production de plus en plus complexes, abolissant les distances et les frontières.

Le mouvement de relocalisation devrait mettre un coup d'arrêt à ces échafaudages complexes. Le consommateur semble désormais plus attentif à l'origine des produits qu'il achète, après une longue période de négligence sur cette question. Certes, pas au point de se moquer complètement du prix... Mais parallèlement, l'industrie américaine a réalisé des efforts de productivité considérables depuis la crise, et elle profite d'une énergie dont le prix s'est littéralement effondré, depuis la découverte et l'exploitation des gaz de schiste. Ses coûts se sont donc abaissés, au moment où ceux de la Chine grimpent, tirés à la hausse par une progression des salaires beaucoup plus rapide que celle de la productivité. D'après le Bureau international du travail (BIT), les salaires ont augmenté de 7 à 8 % par an en Asie, durant la décennie 2000. Cette envolée a même atteint 19 % annuels en Chine, à partir de 2005. Alors que les salaires réels en Occident ont été beaucoup plus sages, particulièrement depuis la crise financière où ils ont par exemple baissé aux États-Unis. La montée du chômage a également affaibli les syndicats, qui acceptent désormais une flexibilité bien supérieure, notamment dans les États du sud des États-Unis. Nombre de branches industrielles américaines, l'automobile par exemple, ont désormais un système de salaires et de droits sociaux à deux vitesses, analogue à celui qu'a mis en place l'Allemagne avec les réformes Hartz : il y a l'aristocratie de l'industrie, avec les ouvriers bien payés et bien protégés, et le nouveau prolétariat, embauché récemment avec des conditions salariales beaucoup plus chiches, et sans garantie de l'emploi. C'est grâce à ce système que le constructeur automobile Ford a fait revenir de Chine une partie de sa production, dans les États de l'Ohio et du Michigan. Le mouvement est similaire en Europe : on a vu les syndicats de Renault signer un accord qui augmente le temps de travail et la flexibilité sans autre contrepartie que la garantie de l'emploi sur quelques années. De son côté, la direction s'est engagée à augmenter la production de véhicules en France, après la chute spectaculaire des dernières années.

Ce mouvement de relocalisation devrait profiter à tous les pays industriels, notamment en Europe. Alors que l'Allemagne a toujours été très vigilante sur la préservation d'un cœur industriel et des emplois qui y sont associés, nombre d'autres pays européens, la France au premier chef, n'y ont pas pris garde, délocalisant autant que possible dans une recherche effrénée du meilleur prix pour le consommateur. C'est fini.

Désendettement et rééquilibrage

La mondialisation financière et commerciale connaît donc un retournement. L'inflexion est d'autant plus forte que l'avant-crise avait vu un emballement tout à fait inhabituel de l'internationalisation des échanges d'argent et de biens. Emballement qui avait été l'une des causes du krach de 2007-2008. Ce retournement a toutes les chances de s'approfondir, car le monde de l'après-crise en gestation connaît plusieurs évolutions économiques profondes qui ne sont pas favorables à la mondialisation.

Tout d'abord le désendettement universel, qui contracte la part de la finance dans la richesse mondiale et s'accompagne d'un retour au bercail de nombre d'investisseurs. Ce processus est loin d'être arrivé à son terme, à cause de l'action des banques centrales, qui ont évité la faillite générale – c'est heureux, mais cela a retardé l'assainissement des bilans. Les comptes des consommateurs, des États et des banques dans le monde entier sont encore grevés par les dettes que l'on traîne comme des boulets. L'Amérique est la plus avancée sur ce chemin. La reprise dont elle profite à la mi-2013 va l'aider à ouvrir les placards et à poursuivre le ménage. L'autre nouveauté de 2013, c'est l'entrée des marchés émergents, la Chine et le Brésil particulièrement, dans le ralentissement et l'assainissement, ce dont ils avaient l'un et l'autre grand besoin, tant leur dette est élevée.

L'autre tendance est tout aussi puissante, elle va contraindre l'économie de sa main de fer dans les années qui viennent. Il s'agit du rééquilibrage économique. Pendant les années de la finance folle, nombre de pays ont laissé leurs comptes extérieurs se détériorer. En clair, ils consommaient plus qu'ils ne produisaient. L'Amérique bien sûr, mais aussi tous les pays d'Europe « périphérique », l'Espagne, le Portugal, la Grèce et, dans une moindre mesure, la France. La Grèce ou l'Espagne ont été jusqu'à enregistrer des trous de plus de 10 % du pib. Mécaniquement, ces déficits extérieurs créaient des échanges internationaux – entre les pays déficitaires et ceux qui enregistraient un surplus, l'Allemagne et la Chine principalement. Mécaniquement, ces déficits créaient aussi de la dette. Pour acheter à l'étranger plus qu'on ne lui vend, il faut en effet s'endetter, c'est-à-dire autoriser des arrivées de capital étranger égales aux flux commerciaux déficitaires... En clair, les déficits extérieurs ont été des machines à mondialiser les biens – en accélérant les échanges internationaux – et l'argent – en augmentant les flux transfrontières de capital.

Or, ces déficits vont s'éteindre, ou à tout le moins se réduire considérablement. Les États-Unis sont en passe d'être autosuffisants en énergie, ce qui va transformer leur balance commerciale. Et ils travaillent à se réindustrialiser. Quant à l'Europe, la politique d'austérité se traduit non pas par la réduction de la dette des États, qui augmente au contraire, mais par le rééquilibrage des comptes extérieurs des pays du Sud. Traumatisés par la dépendance vis-à-vis du capital étranger, ces pays n'auront de cesse qu'ils ne préservent des échanges équilibrés, voire excédentaires, avec l'étranger. Ils vont faire exactement comme les pays émergents après la crise asiatique, en 1997, causée elle aussi par le creusement des déficits extérieurs : ils vont accumuler les réserves pour éviter une nouvelle crise.

Ce rééquilibrage sera par définition mondial. Si les déficits disparaissent, les excédents en feront autant, car l'on ne peut vendre à celui qui n'achète pas. Ce qui signifie au passage un ralentissement significatif pour la Chine et l'Allemagne, les deux premiers exportateurs mondiaux, qui avaient accumulé des économies de plusieurs points de pib avant la crise. Très probablement, l'espace national va donc retrouver sa prévalence, au détriment du marché unique en Europe et de l'internationalisation des échanges.

C'est la Chine qui pourrait payer le tribut le plus lourd à ce rééquilibrage. Son modèle était construit sur l'exportation, c'est-à-dire sur l'accroissement sans limites des déficits commerciaux. Après la crise des *subprimes*, pour différer l'atterrissage, la Chine s'est lancée dans une frénésie d'endettement. Les provinces et les grandes entreprises ploient littéralement sous un fardeau de dettes absurdes, utilisées pour financer des infrastructures dont personne n'a besoin, et des usines surcapacitaires. Pour rééquilibrer la croissance, la solution serait de laisser le yuan s'apprécier, afin d'organiser un transfert de richesses vers les consommateurs, qui permettrait à la croissance interne de prendre le relais de la demande extérieure… Les dirigeants en viendront probablement là. Mais cela fera chuter la compétitivité du pays et freinera la progression de l'activité à 3 ou 4 % par an. La Chine elle-même est dans l'obligation de « démondialiser » son modèle de croissance, pour atténuer la crise financière aiguë qui la menace aujourd'hui.

C'est la découverte des zones à très faibles salaires, lorsque la Chine s'est ouverte et que le mur de Berlin, en tombant, a réduit à presque rien les risques géopolitiques, qui avait poussé les entreprises à aller chercher fortune au-delà des frontières, pour le plus grand profit du consommateur occidental et de l'actionnaire. Au détriment du salarié. L'internationalisation des chaînes de production industrielle a été un vecteur essentiel de la mondialisation physique, celle des échanges. Si l'écart entre les salaires du monde développé et du monde émergent s'amenuise, la tentation de délocaliser va s'affaiblir. La montée en gamme et le ralentissement des grands pays émergents va freiner la mondialisation. Paradoxalement, c'est l'uniformisation des salaires qui va peser sur l'internationalisation des échanges… et la remettre en cause.

Le monde d'après la crise est donc en train de faire naître un cadre macroéconomique très différent de celui qui prévalait dans les années 1990 et 2000. Celui d'avant ne reviendra pas, contrairement à ce qu'imaginent certains. Et s'il revenait, ce ne serait que de façon temporaire, avant de provoquer un mouvement de balancier encore plus net que celui que nous subissons aujourd'hui.

Retour de l'intérêt national

Les politiques des États changent elles aussi, contraintes par ce cadre nouveau et modelées par les aspirations des citoyens que la crise a transformées. Pendant les décennies de la « Grande Négligence », les dirigeants politiques, quelle que soit leur orientation, ont tout laissé faire et approuvé la disparition des frontières, parce que les discours dominants y voyaient un facteur de croissance. C'est fini. Désormais, les gouvernants revendiquent le retour de l'intérêt national. Or, quand l'État reprend ses prérogatives, c'est la mondialisation qui recule. Comme le note l'historien britannique Harold James, « la mondialisation dépend de la possibilité de créer et préserver la confiance entre étrangers, malgré la distance et les situations d'incertitude juridique. Un rôle accru pour l'État dans la régulation de l'activité économique est susceptible de produire des conflits, et d'augmenter le niveau d'incertitude[6] ».

C'est particulièrement net en matière de politique monétaire. Voilà trente ans que les banques centrales avaient été missionnées pour lutter contre l'inflation. C'était leur seul objectif, et c'est pour l'atteindre pleinement qu'on les a émancipées du pouvoir politique – les dirigeants élus sont toujours tentés de créer plus de monnaie qu'il ne serait nécessaire, pour « acheter » les suffrages populaires grâce à une embellie momentanée, qui se paye d'une détérioration de long terme. En apparence, les banques centrales ont donc défendu l'intérêt général. En réalité, elles travaillaient davantage pour les épargnants et les détenteurs de capitaux, en préservant la rente associée à la possession d'argent. Comme il n'est pas d'action qui profite à tous, le seul fait d'arbitrer pour le détenteur d'argent pénalisait l'emprunteur. Il s'agissait en général de protéger l'investisseur étranger, qu'on cherchait à attirer en lui donnant des garanties maximales, au détriment de l'emprunteur national, qu'il soit un ménage ou une PME. Il s'agit de permettre à l'État de se financer plus facilement et donc à moindre coût.

Tout cela a brutalement évolué avec la crise. Les banques centrales américaines et britanniques, pragmatiques, ont changé de credo sans qu'on ait eu besoin de modifier leur statut. Elles se sont mises à créer massivement de la monnaie, dans l'espoir silencieux de ranimer la hausse des prix, pour faire baisser les dettes. Elles ont réduit les taux d'intérêt, pour encourager les emprunteurs à acheter ou à investir à très faible prix : elles ont inversé leurs priorités, choisissant de privilégier plutôt les utilisateurs nationaux du bien commun qu'elles produisent, l'argent.

Au Japon, le Premier ministre Shinzo Abe a été encore plus radical, en remettant en cause l'indépendance de la banque centrale, de façon à l'asservir aux objectifs de la politique économique. Objectifs complètement hétérodoxes, puisqu'il s'agit non plus de se protéger de la hausse des prix, mais d'atteindre un minimum d'inflation ! « Abenomics » (contraction de Abe, le nom du Premier ministre, et de *economics*) est l'une des expériences les plus novatrices et les plus intéressantes de politique monétaire actuelle. Mais elle ne fait qu'exagérer, caricaturer même, un trait des politiques monétaires mondiales contemporaines : la lutte contre l'inflation n'est plus l'objectif suprême auquel tous les autres sont subordonnés. Au point que certains financiers vont jusqu'à affirmer que nous serions dans la période du « contre-Volcker », du nom de l'ancien président de la Federal Reserve, celui qui avait justement initié la guerre mondiale contre l'inflation lorsqu'il a été nommé, en 1979[7].

Dans le sillage de ces politiques révolutionnaires, l'on voit poindre également ce que les investisseurs appellent la « répression financière ». Il s'agit de mesures qui prélèvent sur la valeur de l'épargne ou sur sa rémunération. Les gouvernements qui pratiquent cette politique bloquent ainsi les taux d'intérêt à un niveau inférieur à l'inflation, pour réduire peu à peu l'endettement. Ils « orientent » également l'épargne de certains produits vers l'investissement dans les obligations de l'État, qu'il s'agisse de l'assurance-vie ou d'une partie du Livret A. On oblige les institutions financières, banques et compagnies d'assurances, sous couvert de réglementation pour améliorer la sécurité du système, à « manger du papier » émis par l'État de résidence. Les banques grecques, irlandaises et portugaises ont déjà liquidé une part importante de leurs actifs étrangers pour acquérir de la dette nationale, note Carmen Reinhart dans une étude récente[8]. Plus significatif encore, on limite la liberté du capital à quitter son pays. Par exemple, au plus fort de la crise de l'euro, lorsque des milliards ont quitté les pays du sud de la zone, par crainte d'un éclatement de l'union monétaire, pour se réfugier en Allemagne ou en Scandinavie. Les démarches administratives et autres obligations réglementaires pour effectuer ces transferts ont alors augmenté de façon significative, comme par hasard… Plus radical encore, le rétablissement du contrôle des changes à Chypre, lorsque le pays a fait faillite, et qu'on a ponctionné les dépôts bancaires supérieurs à 100 000 euros. C'est, en Europe, la première brèche dans le dogme de la libre circulation des capitaux. C'est aussi la reconnaissance qu'un euro chypriote ne vaut pas la même chose qu'un euro allemand. Le contrôle des capitaux s'est également développé dans les marchés émergents, non plus pour empêcher l'argent de sortir, mais de rentrer, au Brésil notamment qui craignait alors le surinvestissement et une trop forte appréciation du real, sa devise. Ou encore en Inde, qui a dû limiter les sorties de capitaux pour contrer la crise du financement, en août 2013.

Ces politiques de répression financière faisaient jusqu'à présent l'objet d'un tabou en Europe. Alors qu'elles ont été massivement pratiquées par la Chine, par exemple, qui subventionne ainsi son secteur productif au détriment de l'épargnant. C'est en limitant la rémunération de l'épargne à un niveau bien plus faible que l'inflation, pour accorder des crédits avantageux aux entreprises publiques, que Pékin est parvenu à augmenter sa dette pour pas cher, en particulier depuis 2008. Et l'Europe elle-même a eu recours à ces techniques au sortir de la Seconde Guerre mondiale, pour rogner la dette considérable héritée du conflit. Elle les a pratiquées jusqu'au tout début des années 1980, lorsque la révolution libérale a considéré cette méthode comme une spoliation préjudiciable à la croissance. Le vent tourne à nouveau aujourd'hui, et dans toutes les régions de la planète. C'est la nécessité financière qui tient lieu d'idéologie. Ou plutôt qui soumet l'idéologie dominante.

En matière de contrôle des fusions internationales, on voit aussi pointer le retour d'un État décomplexé. Par exemple lors de l'affaire Yahoo. La société américaine souhaitait en effet acheter Dailymotion, une entreprise française. Malgré l'accord entre l'acquéreur et le vendeur, l'État français est intervenu, en la personne du ministre Arnaud Montebourg, pour interdire la transaction au nom d'intérêts stratégiques français. L'achat par les Américains d'une des rares entreprises françaises pionnières dans le domaine de l'internet est désormais vu comme une menace sur l'indépendance nationale. Ces considérations prévalent depuis longtemps aux États-Unis – l'État fédéral a ainsi bloqué le rachat d'une société pétrolière, Unocal, par des intérêts chinois, pour des raisons très voisines de celles qu'a invoquées Montebourg. En Europe, une telle initiative aurait été impensable il y a cinq ans. Elle aurait d'ailleurs été critiquée par la Commission européenne, comme un comportement protectionniste. Rien de tel aujourd'hui.

Dans le même registre, le nombre d'entreprises privatisées dans le monde a fortement chuté, comme si les États rechignaient désormais à se séparer de leurs propriétés, fût-ce en temps de disette budgétaire qui nécessiterait de réaliser des actifs. En 2011, les privatisations ont rapporté 94 milliards de dollars seulement, contre plus de 200 l'année précédente. Les conditions de marché très volatiles ont bien sûr joué, mais c'est aussi l'opposition croissante de la classe politique et des populations qui a contraint les gouvernements à différer ou à annuler leurs projets.

Chasse mondiale aux riches

Parallèlement, la crise transforme profondément nos sociétés. Le signe le plus marquant de cette puissante révolution est la vague de ressentiment que suscitent la richesse et les inégalités. On l'a vue s'exprimer en France, lors de la campagne présidentielle, où tous les candidats, quel que soit leur bord politique, ont multiplié les harangues contre les privilégiés. La fiscalité sur les riches a été le seul domaine où ils ont été créatifs… et unanimes, en proposant souvent les mêmes mesures, de Jean-Luc Mélenchon à Nicolas Sarkozy. Certains n'y ont vu que l'expression d'un particularisme français, la jalousie vis-à-vis des possédants et le caractère passionnel de notre relation à l'argent. C'est une erreur, car la France n'a jamais fait que caricaturer une tendance mondiale. Présente aux États-Unis, où la campagne électorale a aussi été dominée par des débats sur les inégalités de revenus et la contribution fiscale que règlent les plus fortunés. Au Royaume-Uni, qui a été le premier des pays développés à relever le taux d'imposition pour les hauts revenus. En Chine, où les excès de la corruption suscitent des réactions beaucoup plus fortes de la part des citoyens, allant jusqu'à déclencher des émeutes. Au point que le nouveau pouvoir a lancé une campagne de propagande, les Quatre Vents du Changement, pour stigmatiser l'« hédonisme et l'extravagance ». Au Brésil enfin, où les inégalités et la corruption ont jeté le peuple dans la rue, lors des grandes manifestations du printemps 2013.

Partout, la richesse choque. L'incroyable tolérance à l'inégalité dont nos sociétés ont fait preuve dans les années 1990 et 2000 est en passe de disparaître. Cette tolérance avait autorisé, voire encouragé, la baisse des taux d'imposition partout dans le monde, au nom de la liberté. C'est une époque révolue. La crise est bien le déclencheur du retournement. Parce que les inégalités sont d'autant moins supportables que les temps sont durs, tout comme les passe-droits et la corruption, qui choquent encore davantage. La condition des plus favorisés ne s'est d'ailleurs guère détériorée, depuis 2007, bien au contraire. Le classement annuel des cinq cents premières fortunes de France, publié en juillet 2013 par l'hebdomadaire *Challenges*, fait état d'une progression moyenne de 25 % dans la valeur des actifs pour la seule année 2012. C'est la légitimité même de la richesse, et donc des inégalités, qui est remise en question par les sociétés du monde entier. Or, ces inégalités ont été décuplées par l'ouverture des frontières, en particulier la mondialisation financière. Pour les réduire, comme semblent le souhaiter aujourd'hui les citoyens, il faudra réhabiliter les frontières.

L'autre manifestation de ce retournement idéologique est la détermination nouvelle dont font preuve les gouvernements pour traquer la fraude fiscale, ou encore ce que les spécialistes appellent l'optimisation. La crise des finances publiques justifie bien sûr que l'on batte les buissons pour récupérer le moindre picaillon. Mais la cause principale de la chasse à l'évadé fiscal réside dans le changement d'attitude des citoyens eux-mêmes, qui tolèrent beaucoup moins bien ces pratiques, fussent-elles légales, profitant de la liberté de circulation de l'argent et des différences de réglementation d'un pays à l'autre. Tous les États sont en train de reconstruire leur arsenal pour lutter contre la fraude et l'évasion, dans un mouvement parfaitement synchrone, qui a la même origine : le désir de remettre en cause le champ dont jouissent contribuables aisés et grandes entreprises, utilisé par ceux-ci à leur profit exclusif.

L'offensive mondiale contre les paradis fiscaux s'explique bien sûr de la même façon. Ces États plus ou moins pirates existent depuis des années. Le désarmement progressif des règles, l'affaiblissement des contrôles sur les flux financiers et la libéralisation de la finance leur ont permis de prospérer, en toute impunité. Ils ont détourné des ressources considérables dans l'économie mondiale, qui échappent largement au prélèvement fiscal – 21 000 milliards de dollars, selon une estimation américaine. Là encore, ce phénomène a longtemps été toléré, sinon encouragé. Jusqu'à la concomitance de plusieurs affaires. En France, celle du compte suisse de Jérôme Cahuzac, lui-même chargé de traquer les fraudeurs. En Espagne, des versements à des hommes politiques de premier plan, également à partir de comptes helvètes. Aux États-Unis, où Mitt Romney, candidat à l'élection présidentielle a installé sa fortune dans les îles Caïmans. À Chypre, où la faillite du pays a mis au jour une gigantesque lessiveuse pour les riches russes… Sans oublier les multinationales, Apple, Google et Amazon en tête, qui ne payent quasiment pas d'impôt malgré les milliards de dollars de profits annuels qu'elles dégagent. Ces scandales ont conduit les gouvernements européens et américains à rompre avec le laisser-faire. Jusqu'à demander de supprimer le secret bancaire en Suisse ou au Luxembourg, par exemple. Il subsiste bien sûr la Chine et ses satellites, Hong Kong et Singapour, qui rechignent à la transparence. Et le Royaume-Uni, dont l'industrie financière profite largement des centres offshore. Mais le rapport de force a changé.

Tous ces signaux témoignent du désir de frontières. Les peuples semblent vouloir rétablir ces limites protectrices mises à mal par l'hyper-globalisation de la fin du millénaire. Et par des nouvelles technologies de l'information que le libéralisme a asservies pour en faire ses auxiliaires. Ils l'expriment aujourd'hui de façon parcellaire, maladroite, quelquefois brutale. Mais la pulsion est là, qui gagne en puissance au fil des ans, qui a trouvé dans la crise l'occasion qu'elle attendait pour se développer. Comment interpréter autrement l'extraordinaire montée des mouvements nationalistes en Europe ? Le socle commun entre le Vlaams Belang en Belgique, le FPO en Autriche, le Front national en France, les Vrais Finlandais, l'extrême droite néerlandaise ou suédoise, l'UKIP de Nigel Farage au Royaume-Uni, tous partis qui recueillent désormais entre 10 et 20 %, voire 25 % des voix lors des consultations électorales, c'est la préférence nationale. La fermeture des frontières. La remise en cause du rêve européen et de son espace unique.

Désir de liberté, besoin de protection

Les sociétés veulent rompre avec la liberté excessive qu'elles avaient accordée à la circulation des biens et des capitaux dans les dernières décennies, et plus encore depuis la chute du mur de Berlin, qui a sonné l'âge d'or du libéralisme. À cause de la frustration engendrée par une mondialisation qui s'est mise peu à peu à fonctionner au seul profit des élites mondiales. Très probablement commence un nouveau cycle idéologique qui sera dominé par le besoin de protection, au détriment du désir de liberté qui prévalait jusqu'ici.

Jusqu'où une telle inclination peut-elle emmener nos sociétés ? La mondialisation peut-elle vraiment s'interrompre, ou même s'infléchir ? Il faut ici donner la parole aux historiens. Harold James relève qu'après les crises graves les sociétés identifient toujours la mondialisation avec le changement et le vice, et qu'elles demandent en général la restauration de la culture nationale dans l'espoir d'une régénération morale[9]. Le Britannique constate également que la mondialisation est vulnérable aux catastrophes financières périodiques, qui mettent à l'épreuve tout le système de valeurs, qu'il soit monétaire ou moral. Et que c'est alors qu'apparaît le « backlash », c'est-à-dire la réaction violente des peuples contre un système qui révèle brutalement ses faiblesses et les inégalités qu'il a créées. Un autre historien britannique, Niall Ferguson, estime que la mondialisation actuelle est réversible, car elle montre les mêmes signes de faiblesse que l'ordre mondial d'avant 1914 : des empires fatigués, la rivalité des grandes puissances et un système d'alliance instable, sans oublier les organisations terroristes hostiles au capitalisme[10].

La seule leçon de l'histoire qui vaille, c'est qu'il serait bien imprudent de prolonger les tendances des dernières décennies pour en déduire l'organisation de l'économie et de la société dans les années à venir. Car il se produit toujours des ruptures ou des chocs qui transforment nos valeurs et nos règles et font naître un monde qui bien souvent se construit aux antipodes idéologiques du précédent, dans une tentative pour corriger les excès de la période révolue. Comme si les sociétés ne parvenaient pas à régler durablement le bon degré d'ouverture. Comme si nous hésitions sans cesse entre deux polarités opposées, la liberté excessive et le surcroît de règles, l'individu et le collectif, la mondialisation ou les frontières, sans parvenir à trouver un point d'équilibre stable. Comme si nous étions condamnés à passer d'un excès à un autre, subissant une perpétuelle révolution idéologique, au rythme lent de la succession des générations. Une révolution au sens propre, puisque l'alternance suppose le retour de la même conjoncture, des mêmes rêves et des mêmes illusions, à intervalles réguliers.

« Toute la vie des hommes fluctue, oscille au gré de mouvements périodiques, infiniment recommencés[11] », expliquait Fernand Braudel dans l'une de ses fulgurances sur les cycles dans l'histoire. Cycles qui sont bien sûr dominés par la vie des idées et la culture, l'économie n'étant que l'un des champs d'application. Car, pour citer à nouveau Braudel, « la société enveloppe tout ».

Les retournements analogues à celui qui se dessine sous nos yeux interviennent toujours après une longue phase libérale, où la mondialisation semble ne plus rencontrer d'obstacles. Ils sont le fait de crises économiques, comme en 1929 ou en 1873, ou de conflit mondial, comme en 1914. Dans les deux cas, les élites économiques, pourtant aux avant-postes d'observation, ne voient rien venir. Pourquoi la mondialisation reculerait-elle, pensent-ils, alors que les technologies de communication et de transport, ces inventions qui effacent les frontières, ne cessent de se perfectionner et de se diffuser ? Étrange cécité qui réunit les maîtres de l'économie par-delà les siècles et les conjonctures, pour une raison peu avouable : la mondialisation, inégale dans les dividendes qu'elle distribue, leur apporte bien plus qu'aux autres.

Écoutons encore, non pas un historien cette fois-ci, mais un romancier témoin de cet aveuglement, l'Autrichien Stefan Zweig racontant le monde de 1913, il y a cent ans exactement, juste avant la Grande Guerre : « Le XIXe siècle, dans son idéalisme libéral, était sincèrement convaincu qu'il se trouvait sur la ligne rectiligne et infaillible du "meilleur des mondes possibles" [...]. Quoi d'étonnant, dès lors, si ce siècle se chauffait complaisamment au soleil de ses réussites et ne considérait la fin d'une décennie que comme le prélude à une autre, meilleure encore ? On croyait aussi peu à des rechutes vers la barbarie, telles que les guerres entre les peuples d'Europe, qu'aux spectres et aux sorciers[12]. [...] Ce monde de la sécurité n'était qu'un château de nuées, et mes parents l'ont habité comme une maison de pierre », écrira encore Zweig dans le même livre.

L'éclipse, la bonne nouvelle

Sans doute la plupart des retournements qui se sont succédé depuis les Grandes Découvertes, à la fin du XVe siècle, ont-ils ainsi pris les élites par surprise. Comme aujourd'hui. En réalité, ils émettent des signaux dès leur origine, qui gagnent en intensité à mesure qu'approche l'heure du déclenchement.

C'est l'ambition de ce livre que de faire apparaître les traces du monde qui se prépare. Dans un ouvrage précédent[13], nous avions cité la belle formule du philosophe François Ewald : « Comprendre ce qui change dans ce qui ne change pas, et ce qui ne change pas dans ce qui change. » En dépit de la permanence apparente, le monde d'après la crise pointe en effet, il est déjà en grande partie émergé.

Ceux qui vont le diriger sont nés, ils sont actifs, quelque part. Les idées et les valeurs qu'ils vont défendre ont déjà cours dans le monde actuel. Les forces sur lesquelles ils s'appuieront sont déjà constituées. Le neuf naît dans le vieux, il s'y loge de façon subreptice. Mais ce neuf lui-même n'est jamais que le retour du plus vieux que le vieux. Dans un cycle, la révolution ressuscite inlassablement les idées qu'on croyait mortes.

L'autre ambition de ce livre, ou plutôt l'invitation faite au lecteur, est d'aller à rebours des idées reçues sur le libre-échange. Il n'y a quasiment pas un économiste, pas un chef d'entreprise, et assurément pas un banquier qui n'idolâtre le libre-échange. Ce consensus pourrait évidemment signaler une loi d'airain, qui serait à l'économie ce que la loi de la gravité est à la physique. C'est ce qu'affirment les économistes, qui convoquent tous les jours ou presque les mânes du père fondateur de l'économie classique, Adam Smith. Si personne de sérieux ne conteste les vertus universelles du libre-échange, expliquent-ils, c'est bien parce qu'elles sont incontestables.

On demande à voir quand même. D'abord parce que nos spécialistes affichaient exactement la même certitude unanime sur la solidité du système financier, avant la crise. Ce qui n'est pas de très bon augure. Ensuite parce que celui qui se promène dans l'histoire sans a priori idéologique ne peut qu'arriver à une conclusion fort différente. Oui, le libre-échange a fait des merveilles. Mais il a aussi produit des catastrophes. L'histoire n'est pas plus libérale que protectionniste, la croissance n'a pas de religion en matière d'organisation du commerce : tout dépend des pays et des moments. Le libre-échange tel que nous le pratiquons depuis un quart de siècle a des coûts sociaux et économiques très élevés. La fin de la mondialisation, ou en tout cas son éclipse, n'est donc pas forcément une mauvaise nouvelle. Peut-être même est-ce le contraire.

CHAPITRE PREMIER

L'âge d'or des marchands

Les économistes ont une propension à raconter des fables, qu'ils parent de la rigueur de la science en les entrelardant d'équations mathématiques indéchiffrables. Ainsi sur le commerce international, où bon nombre des travaux des quarante dernières années n'ont été conduits que pour justifier le postulat initial : le libre-échange, c'est-à-dire la liberté de commercer sans entraves douanières ou réglementaires, est le meilleur des systèmes. Car il distribue ses largesses sans mégoter. Chez l'exportateur comme chez l'importateur. Chez le pauvre comme chez le riche. Un problème de croissance ? Il faut pratiquer sans attendre le libre-échange. Un souci de compétitivité ? Le libre-échange. Une crise, une panne, une récession ? Libre-échange, vous dis-je, voici la prescription unique pour recouvrer la santé. Si vous doutez encore, sachez que la quasi-totalité des experts s'accorde sur ce précepte. Quoi de plus rassurant ?

Le libre-échange est l'héritier d'une longue et prestigieuse tradition intellectuelle, inaugurée par le philosophe écossais Adam Smith, qui publia en 1776 son grand œuvre, les *Recherches sur la nature et les causes de la richesse des nations*. Ce texte fondateur a connu un succès fulgurant dès sa publication, et cela dans toute l'Europe car il fut traduit dans la plupart des langues du continent. Smith y développe une thèse puissante, celle de la « main invisible », le marché, qui guide l'individu et son intérêt personnel et le fait œuvrer, à son insu, pour le bénéfice de la collectivité. « Ce n'est pas de la bienveillance du boucher, du brasseur ou du boulanger que nous attendons notre dîner, mais plutôt du soin qu'ils apportent à la recherche de leur propre intérêt. Nous ne nous en remettons pas à leur humanité, mais à leur égoïsme », écrit l'Écossais. Dans le système qu'il décrit, la liberté de commercer sans restriction permet d'augmenter la productivité et donc la croissance, grâce à la spécialisation des pays échangeant les biens qu'ils produisent. De la même façon qu'un individu a tout intérêt à opter pour tel ou tel métier et à renoncer à fabriquer lui-même ses chaussures pour les acheter, une nation profite davantage lorsqu'elle développe ses atouts propres pour exporter sa production et acheter en retour celle des nations voisines.

La théorie sera développée par un admirateur de Smith, un courtier londonien qui découvre l'œuvre du philosophe au tournant du XIXe siècle, David

Ricardo. Celui-ci approfondit les concepts découverts par son prédécesseur pour aboutir aux fameux « avantages comparatifs » : un pays tire avantage à se spécialiser dans les domaines où il est le plus productif.

Ricardo et Smith constituent les deux piliers de l'économie classique, que la grande crise des années 1930 avait éclipsée parce qu'elle avait illustré de façon saisissante les déficiences de la « main invisible », pour réhabiliter la main bien visible de la puissance publique. Mais la crise et la guerre s'éloignant, dans les années 1960, les principes libéraux ont été repris et époussetés par les économistes, et en particulier par un fils d'épicier de Brooklyn qui deviendra prix Nobel en 1976, Milton Friedman. Le magistère intellectuel de Friedman a été tel pendant la seconde moitié du XXe siècle que quasiment personne n'a remis en cause le libéralisme. Économiste et libre-échangiste deviennent des synonymes. Et le protectionnisme, à l'inverse, est considéré avec mépris. Ne sont protectionnistes que ceux qui sont limités intellectuellement – ils ne comprennent pas les bénéfices du libre-échange – ou malhonnêtes – ils refusent la concurrence et veulent préserver leurs rentes indues, qui pèsent sur le consommateur. « Relisez Ricardo ! » entendent les rares qui osent remettre en question le dogme.

Pourquoi un tel panurgisme, de la part d'intellectuels éminents, formés dans les meilleures universités de la planète ? Il y a deux explications possibles.

La première est celle du complot. Le libre-échange avantage les plus forts : les secteurs de l'économie les plus productifs, les grandes entreprises, les individus les mieux armés financièrement ou intellectuellement pour la concurrence. En gros, il avantage les puissants, c'est-à-dire l'élite d'un pays. Et dans le plaidoyer incessant des économistes pour le commerce sans entraves, il faudrait voir ce que John Kenneth Galbraith appelle la « capacité des riches et de leurs acolytes à voir une vertu sociale à ce qui sert leurs intérêts et leur bien-être, et à peindre sous les couleurs du ridicule ou de la stupidité ce qui ne leur est pas favorable[1] ». En clair, les économistes seraient vendus. Ou manipulés par une petite caste qui a besoin de légitimer la prédation qu'elle exerce sur les ressources d'une société. Et trouve là, pour pas cher, l'occasion de travestir sa cupidité sous de doctes considérations sur l'intérêt général.

L'autre explication, plus bénigne, est tout simplement le conformisme. Robert Driskill, économiste lui-même, décrit sans complaisance le conservatisme regrettable des praticiens de la « science triste » (comme on surnomme l'économie chez les Anglo-Saxons) sur le libre-échange : « La profession a cessé de penser de façon critique sur cette question et, en conséquence, ne produit que des arguments de médiocre qualité pour justifier le consensus[2]. » Driskill va plus loin, mettant en cause la paresse de nos spécialistes qui bien souvent se contentent d'affirmer que l'ouverture au commerce international est profitable « au total », même si elle occasionne aussi des dégâts collatéraux. Que veut dire exactement « au total » ? s'interroge l'auteur de l'article.

C'est ici que s'applique le théorème de l'ancien ministre de l'Industrie Alain Madelin, brillant économiste lui-même : lorsqu'on a le choix, pour expliquer un phénomène, entre la conspiration et la paresse, c'est en général la seconde explication qui est la bonne. Paresse ou plutôt suivisme, soumission aux idées dominantes, qui n'est pas le propre des économistes, tant s'en faut. La presse joue ainsi un rôle considérable dans la formation des consensus, à force de ressasser toujours les mêmes considérations.

L'impunité intellectuelle dont a profité le libre-échange s'explique aussi par la puissante vague libérale qui a déferlé sur le monde à compter des années 1980. Vague intellectuelle, avec les théoriciens comme Milton Friedman, mais aussi politique, avec les innombrables gouvernements, de gauche comme de droite, qui ont mis en pratique ces idées à l'époque révolutionnaires sur tous les continents de la planète. En économie aussi, il y a des modes. Exactement comme pour les vêtements, les idées nouvelles sont d'abord adoptées par un petit groupe de précurseurs, puis se diffusent largement avant de devenir le prêt-à-penser, le courant dominant, le lieu des lieux communs.

À la fin des années 1980, la planète retrouve le niveau d'intégration commerciale qu'elle avait connu avant la Première Guerre mondiale. Et c'est à compter de ce moment-là que les échanges décollent littéralement, avec une croissance bien plus forte que dans les années qui suivirent la guerre, sous l'effet de puissants facteurs. Le premier est géopolitique : avec la chute du mur de Berlin, le risque de guerre mondiale s'efface. D'un jour à l'autre, les règles de fonctionnement de l'économie se mondialisent, car les ex-pays communistes embrassent l'économie de marché avec le zèle des convertis. En réalité, ce sont les règles de l'Amérique qui s'étendent à la quasi-totalité de la planète. La *pax americana* réduit considérablement les difficultés de l'échange entre deux pays du monde éloignés géographiquement, elle abaisse les barrières et ce qu'on appelle les coûts de transaction. Quand bien même j'achète en Patagonie, je suis à peu près sûr que mes interlocuteurs se comportent de la même façon que moi quant au respect du contrat. Toutes les phases de mondialisation naissent à l'ombre protectrice d'un empire. Car l'empire investit dans la production de biens essentiels – la sécurité, le respect de l'ordre, les infrastructures, les règles de comportement social – qui sécurisent les transactions.

Autre accélérateur, les nouvelles technologies de communication. Une véritable révolution, conséquence du virage idéologique que prennent les États-Unis à l'arrivée de Reagan. Le président américain va déréglementer le secteur des télécommunications, c'est-à-dire casser le monopole de Ma Bell, la compagnie American Telephone and Telegraph. Le monde entier suivra cette initiative, rompant avec l'étatisme qui avait accompagné le téléphone jusqu'alors – n'y avait-il pas chez nous à l'époque un ministère des PTT ? Avec la concurrence, les prix chutent. Et l'innovation décuple, ce qui fait encore diminuer les coûts. Dès le début des années 1990, l'apparition du fax facilite les communications à distance. En 1994, c'est le web qui arrive et met le monde à portée de main, et la norme GSM qui banalise le téléphone mobile.

Les années 2000 voient la diffusion accélérée de ces technologies. Fin 2013, il y aura 7 milliards d'abonnements à un téléphone mobile sur la Terre, autant que d'habitants. Quant à l'accès à l'internet, il est possible pour près de quatre terriens sur dix. La révolution technologique gagne également le monde des transports, avec l'essor du conteneur. Entre 1990 et 2010, le transport maritime par conteneur connaît des croissances annuelles de plus de 10 %, et il passe de moins de 250 millions de tonnes chargées à près de 1 500. Les navires eux-mêmes sont plus gros, ils sillonnent les océans plus vite, les chargeurs profitent de tarifs moins élevés. La capacité de transport maritime mondial double en vingt ans, le nombre de porte-conteneurs est multiplié par cinq sur la période.

Parallèlement, les droits de douane s'effondrent, sous l'effet des négociations commerciales mondiales

– celles de l'Uruguay Round, dans le cadre du GATT, conclues en 1993 – ou d'accords régionaux, comme le marché unique européen, qui entre en vigueur au 1er janvier 1993, ou de l'Accord de libre-échange nord-américain (ALENA), qui regroupe les États-Unis, le Mexique et le Canada. Le taux moyen des droits de douane, qui était encore supérieur à 25 % dans les années 1980, tombe à 15 % en 1995 pour passer en dessous des 10 % au début des années 2000, après la création de l'Organisation mondiale du commerce, qui ambitionne de convertir la planète entière au libre-échange.

Les entreprises commencent alors à déployer leurs stratégies à l'échelle du globe. Leur organisation se transforme profondément, car elles travaillent non seulement à vendre leurs produits dans le monde entier, mais également à utiliser les meilleures localisations pour faire fabriquer. Elles inventent la chaîne de production mondiale, « sourçant » telle matière première en Afrique, tel composant en Asie, pour assembler dans un pays à faible coût du travail et vendre enfin sur les marchés développés. Une bonne partie de l'industrie mondiale migre alors en Chine, aimantée par des coûts de production parmi les plus faibles du monde, malgré la sécurité toute relative en matière de respect des délais et des contrats.

C'est d'ailleurs à compter du début des années 1990 que la croissance des pays émergents se détache de celle des pays développés, sous l'effet d'un flux d'investissement Nord-Sud qui atteint plusieurs centaines de milliards de dollars par an. Ce flux d'argent qui irrigue les terres naguère désolées se compose d'investissements industriels – des usines, créées par les multinationales occidentales – et financiers, c'est-à-dire de l'épargne des pays riches qui cherchent le rendement en se déplaçant sur le globe, profitant de la toute fraîche liberté de circulation des capitaux. Dans les deux décennies qui suivent, l'hémisphère émergent aura une croissance comprise entre 4 et 8 % par an, alors que le monde développé devra se contenter de taux deux fois moins élevés. Le décollage de ceux qu'on appelait peu de temps avant les « pays en voie de développement » déclenche des flux commerciaux considérables.

Un nouveau point d'inflexion intervient juste avant le tournant du siècle, qui provoque l'emballement du commerce, avec deux événements : la montée en puissance de la Chine avec sa monnaie de combat, le yuan sous-évalué, et la création de l'Union monétaire européenne autour de l'Allemagne. Dans les deux cas, on bloque un taux de change. Dans les deux cas, la fixité du change stimule le commerce et provoque l'accumulation d'excédents considérables. La Chine et l'Allemagne gonflent artificiellement leurs exportations, creusent les déséquilibres des balances extérieures de leurs partenaires et dopent les statistiques du commerce international.

Commençons par la Chine. À partir des années 1990, Pékin pilote sa croissance avec deux leviers, le niveau d'investissement tout d'abord, qui relève des administrations et des grandes entreprises, publiques pour la quasi-totalité. Et le taux de change du yuan ensuite, qui ne « flotte » pas comme celui des autres devises, car cette monnaie n'est pas convertible librement sur les marchés financiers. C'est la Banque de Chine qui contrôle les ventes et achats de devises, elle peut donc fixer la valeur du yuan comme elle l'entend, sur les instructions du gouvernement.

En 1994, Pékin dévalue fortement le yuan, et déstabilise toute la région. Après la crise asiatique, en 1997-1998, les monnaies des voisins dégringolent également, et l'équilibre se rétablit tant bien que mal. La valeur de la monnaie chinoise est alors à peu près conforme aux particularités de l'économie locale : une monnaie faible pour une économie faible. Mais peu à peu, les gigantesques gains de productivité ont fait bondir la compétitivité chinoise, ce qui aurait dû entraîner une forte appréciation de la monnaie. En bonne logique, une croissance des exportations telle que celle de la Chine dans les années 2000 se traduit toujours par une appréciation du change : les clients du monde entier, en acquérant du « *made in China* », achètent aussi du yuan pour régler les produits dont ils ont besoin. Ils auraient dû faire monter le cours – le prix – de la devise chinoise.

Le Japon a connu une formidable réévaluation de sa monnaie, l'« endaka », dans des circonstances similaires. La Corée du Sud également, tout comme Taïwan et la plupart des pays émergents. Normalement, la productivité et les salaires grimpent sous l'effet de la croissance, la monnaie s'apprécie, et l'excédent commercial fond comme neige au soleil, car les ménages profitent de leur pouvoir d'achat pour s'équiper en biens étrangers tandis que les exportations sont ralenties parce qu'elles sont plus coûteuses sur les marchés internationaux.

Rien de tel en Chine. Le yuan reste bloqué, à un niveau de plus en plus sous-évalué à mesure que progresse l'industrie chinoise. Conséquence, le pays dégage des excédents commerciaux de plusieurs points de pib, sur le dos de l'Amérique et de l'Europe. Excédents qui alimentent le fameux tas d'or de Pékin : les réserves de changes, évaluées à plus de 3 000 milliards de dollars au début 2013. Ces réserves ont été multipliées par quatre depuis 2005.

Les Chinois ont maintenu le cours de leur monnaie aussi bas parce qu'ils voulaient à tout prix soutenir leur croissance avec les exportations dans les marchés mûrs. Ils ont en réalité été prédateurs : ils ont prélevé la demande en dehors de leurs frontières pour faire tourner leurs usines et poursuivre l'extraordinaire urbanisation du pays – chaque année, 15 à 20 millions de personnes ont quitté les campagnes pour rejoindre les villes de la côte orientale, au niveau de vie plus élevé. En exportant leurs produits chez nous, ils ont importé la croissance et les emplois de chez nous.

L'autre bizarrerie qui a provoqué une envolée des échanges commerciaux résulte de l'Union économique et monétaire européenne, créée au seuil du millénaire. C'est en 1999 qu'elle est lancée formellement, les taux de change entre les monnaies du continent étant gelés à partir de cette date. La monnaie physique, c'est-à-dire les billets et les pièces, ne sera introduite que trois ans plus tard, le 1er janvier 2002.

Les parités retenues à l'époque reflétaient à peu près les fondamentaux économiques. L'Allemagne était alors dans une situation tout à fait inhabituelle. Neuf ans plus tôt, elle avait entrepris sa réunification, rassemblant les deux moitiés du pays dans une union politique et monétaire qui allait déstabiliser tout le continent. Car il y a eu, là aussi, un taux de change mal fixé. Au moment de la réunification, Karl Otto Pöhl, le patron de la Bundesbank, militait pour une conversion faite au taux d'un Deutsche Mark pour deux Ostmark, la monnaie de l'ex-République démocratique allemande (RDA). Cela aurait permis de préserver la compétitivité des « nouveaux Länder », comme on appelait alors ces régions passées sous la coupe de la République fédérale d'Allemagne.

Mais cela aurait aussi divisé par deux l'épargne des « Ossis », ces Allemands dits « de l'Est ». La solution, rationnelle pour les économistes, était insupportable pour les décideurs politiques. Contre l'avis de la banque fédérale, le chancelier Kohl choisit la parité stricte : un Deutsche Mark pour un Ostmark. Pour des raisons politiques évidentes : un citoyen de l'Est valait autant que son homologue de l'Ouest, il devait en être de même pour les devises, même si cette égalité était largement fictive.

Cette décision a probablement été la plus coûteuse pour le contribuable allemand en temps de paix. Car l'industrie de l'Est est alors littéralement tuée par une monnaie trop forte. Il faut organiser des transferts de 150 à 200 milliards de Deutsche Mark par an, de l'Ouest vers l'Est, pour compenser l'effondrement de l'économie productive, reconstruire le pays et payer les chômeurs et les retraités. Le choc crée de l'inflation, provoque une hausse des taux et des salaires en Allemagne et finit même par déclencher une crise monétaire qui fera sortir du système monétaire européen la lire italienne, la peseta espagnole et la livre sterling…

La réunification de l'Allemagne déstabilise toute l'économie du continent et met la République fédérale d'Allemagne sur le flanc. Pour la première fois depuis des décennies, le commerce extérieur d'outre-Rhin est alors déficitaire, notamment avec la France ! À Paris, on crie victoire, on se félicite des dividendes de la politique du franc fort et de la « désinflation compétitive ». Naïvetés. Ce n'est pas la France qui réussit, mais l'Allemagne qui subit un choc comme il s'en produit un par siècle.

C'est dans ce climat que l'union monétaire européenne est finalisée. L'Allemagne étant moins compétitive que d'habitude, ses voisins considèrent que les parités des années 1990 sont acceptables. Ils ne voient pas que les conditions macroéconomiques sont déterminées par un alignement de planètes exceptionnel. L'euphorie qui règne pendant la « bulle » internet achève de brouiller l'entendement général. Dans la presse économique, on parle à longueur de colonnes de la fin des cycles, de la croissance perpétuelle et de la disparition du chômage ! L'euro démarre donc sous les meilleurs auspices. L'Amérique attire les capitaux du monde entier, le dollar monte, la jeune devise européenne glisse gentiment et entretient ainsi une croissance éblouissante dans la zone euro. Sauf en Allemagne qui, tel un boa qui a avalé un mouton, digère péniblement son acquisition.

Mais les choses changent vite. D'abord parce que en Allemagne vivent des Allemands. La compétitivité fait l'objet de micro-réglages patients dans les branches, dans les entreprises, grâce au dialogue social. Ensuite parce que les Allemands sont dirigés par des Allemands. Le deuxième mandat du social-démocrate Gerhard Schröder initie ainsi une série de réformes très importantes de 2003 à 2005, appelées Hartz, du nom du directeur du personnel de Volkswagen, le constructeur automobile, qui a été l'inspirateur de cette refonte du marché du travail. La loi Hartz IV notamment, en 2005, abaisse les coûts du travail outre-Rhin, au prix de sacrifices importants pour les salariés peu qualifiés, qui se voient offrir les fameux « mini-jobs » à temps partiel, sous-payés, alors que les allocations chômage sont réduites.

Enfin, pendant que l'Allemagne travaille à se rétablir, les autres Européens ne deviennent pas pour autant des Allemands. Ils font exactement le contraire : leur compétitivité se détériore, protégés qu'ils sont par le « bouclier » de l'euro. Les Français réduisent le temps de travail – une gigantesque bourde, qui renchérit les coûts unitaires –, les Grecs abaissent l'âge de la retraite... Et tout le monde subit une inflation salariale bien plus élevée qu'en Allemagne.

À vrai dire, ce dérapage n'est pas seulement le fait des pays en question. Pour soutenir l'Allemagne dans sa digestion laborieuse, la Banque centrale européenne avait réduit les taux d'intérêt de la zone euro. Politique tout à fait adaptée outre-Rhin, mais trop accommodante dans les autres pays. Beaucoup trop pour l'Europe du Sud, qui subit une forte hausse des salaires et des prix. Et un peu trop pour la France, qui voit ses fondamentaux se détériorer également... L'Europe non allemande est alors une victime consentante de l'union monétaire, qui se révèle augmenter les divergences entre les pays et non pas, comme on l'avait espéré et prévu, la convergence.

À partir de 2005, l'Allemagne retrouve sa pleine forme, alors que ses voisins alignent des déficits extérieurs considérables, sous l'effet d'une demande interne stimulée de façon inopportune par la Banque centrale européenne. L'Allemagne se met à dégager, elle aussi, des excédents commerciaux à l'intérieur de la zone euro, au détriment de l'Espagne ou la Grèce, qui importent des BMW et des Volkswagen.

En bonne logique, les taux de change auraient dû corriger ces déséquilibres. Si la peseta avait dévalué, le déficit espagnol se serait réduit, et la compétitivité extérieure du pays aurait été rétablie. Mais rien de tout cela n'est possible avec l'euro. À compter de la moitié des années 2000, l'union monétaire est une gigantesque machine à créer, de part et d'autre du Rhin, des déséquilibres : à l'est du fleuve, des excédents annuels de plusieurs points de pib – jusqu'à près de 200 milliards d'euros par an. À l'Ouest et au Sud, des déficits symétriques, qui pèsent encore davantage mesurés par rapport au pib car ils sont le fait d'économies de taille plus modeste.

Tous les experts se félicitent alors de l'accélération des échanges au sein du grand marché européen, signe de maturité du projet… Billevesées. L'Allemagne, redevenue compétitive, ayant comprimé sa demande intérieure, dévore peu à peu l'industrie du continent. Au démarrage de l'union monétaire, un tiers des voitures de la zone euro étaient ainsi fabriquées en Allemagne. Dix ans plus tard, c'est 49 %. Alors que dans le même temps Renault, Peugeot ou Fiat ont vu leur production sur le sol français et italien chuter considérablement.

Les déficits extérieurs de la zone, accumulés par le Portugal, la Grèce, l'Espagne et, dans une moindre mesure, l'Italie ou la France, provoquent un endettement préoccupant. La France le fait à travers son État, puisque la puissance publique soutient la consommation avec des transferts qui atteignent près du tiers du revenu des ménages. En Espagne, au contraire, ce sont les agents privés qui s'endettent, alors que les finances de l'État donnent l'illusion de la santé grâce à une faible dette et un excédent budgétaire.

De la fin du XXe siècle au début du suivant, une conjoncture exceptionnellement favorable à la mondialisation s'est donc peu à peu mise en place, sous l'effet d'une puissante vague idéologique libérale, d'une période de calme géopolitique inédite, d'une révolution technologique et de deux décisions de politique monétaire, en Chine et en Europe, qui contrarient le bon sens. L'une de ces décisions, en Chine, est prise pour capter la croissance des autres au profit de Pékin. L'autre, en Europe, s'explique pour des raisons politiques – la poursuite du rêve d'Union européenne.

Il en est ainsi de la vie économique comme de la vie des hommes et des sociétés : le hasard joue son rôle. La rencontre de ces facteurs n'était pas nécessaire, au sens philosophique. Elle a pourtant eu lieu. Et elle a déterminé notre monde.

Pendant ces vingt-cinq ans, la mondialisation a été célébrée, encensée, exaltée, remerciée pour ses dividendes par les économistes et les chefs d'entreprise, souvent par les hommes politiques eux-mêmes, qui se soumettent toujours aux modes idéologiques dominantes parce que c'est en répondant à la demande de la société qu'on est élu, et non pas en allant à rebours.

S'il ne s'agit pas de nier les bénéfices bien réels du commerce, il faut pourtant pointer trois graves inconvénients du libre-échange et de la mondialisation. Défauts qui se sont aggravés au fil des années 2000, à mesure que la structure des échanges se déformait sous la poussée des pays émergents, et qui ont fini par miner notre système économique. Ils expliquent à la fois la crise économique que nous connaissons et la contre-révolution protectionniste en gestation. La mondialisation accroît tout d'abord les inégalités au sein des nations elles-mêmes, dans des proportions qui n'avaient pas été vues en Occident depuis l'avant-guerre. Elle atrophie ensuite l'espace politique national, paralysant les gouvernements. Enfin, elle est l'une des causes des nombreuses crises financières qui se succèdent depuis une vingtaine d'années, dans les pays émergents et en Europe.

PREMIÈRE PARTIE

Les trois vices de la mondialisation

CHAPITRE 2

La machine à inégalités

Au début des années 1990 apparaît aux États-Unis un phénomène étrange, qui mystifie les économistes. Les sismographes des statisticiens enregistrent une très nette augmentation des inégalités salariales, avant la redistribution opérée par le gouvernement fédéral et les différents programmes d'aides aux plus démunis. Le mouvement est double : les revenus réels des travailleurs les moins qualifiés baissent, alors qu'à l'autre extrémité de l'échelle les plus qualifiés voient, eux, leur salaire bondir bien plus vite que la moyenne – c'est le début de l'explosion des rémunérations des grands patrons, des financiers, des artistes, des sportifs.

Cette divergence a en réalité commencé dix ans auparavant, au tournant des années 1980. Selon deux chercheurs qui se sont attachés à mesurer le phénomène, elle est étroitement corrélée au niveau d'éducation[1]. À moins de douze années de scolarité, un Américain a perdu 20,2 % de rémunération réelle, hors inflation, entre 1979 et 1995. À douze ans de scolarité, c'est-à-dire peu ou prou au niveau du bac, il a perdu 13,4 % de son traitement sur la période. Avec seize ou dix-sept ans d'école, soit un niveau qualifié, il gagne 1 %. Et au-delà de dix-huit ans d'études, ce qui correspond à une qualification supérieure, il a vu son salaire progresser de 14 %. Et l'on observe des mouvements très similaires au Royaume-Uni, dans une société où la tolérance aux inégalités est forte, mais aussi dans certains pays d'Europe continentale, y compris en Europe du Nord, où l'on est beaucoup plus égalitaire. Curieusement, la France reste à l'écart du phénomène, qui n'interviendra chez nous que bien plus tard.

Ces études suscitent de nombreuses questions, et pas seulement dans les cercles académiques. L'envolée des inégalités salariales est-elle durable ? Comment s'explique-t-elle ? Pourquoi est-elle si brutale, alors que l'évolution des inégalités connaît en principe une forte inertie, surtout depuis la mise en place des États providence de l'après-guerre, qui a tempéré la violence du marché du travail et réduit les écarts de niveau de vie ? Les économistes se mettent à la recherche d'explications plausibles.

L'économie pour la maternelle

Le commerce international figure évidemment sur la liste des suspects. Tous les économistes ont appris que les échanges entre deux pays provoquent des bouleversements dans la distribution des revenus, dans les deux pays qui commercent, à cause de la concurrence qu'ils exercent et de la rente qu'ils procurent. Imaginons un village de pêcheurs, à la façon de l'économiste Dani Rodrik[2]. Les habitants se partagent en deux métiers : ceux qui vont chercher la nourriture dans le lac tout proche, et ceux qui fabriquent les vêtements et les chaussures. Les uns et les autres ont des revenus comparables, puisqu'ils se vendent leurs productions respectives. L'un des pêcheurs se trouve être plus aventureux que les autres et franchit l'épaisse forêt qui enserre le village. Il y découvre un autre hameau, qui n'a pas accès aux ressources du lac et a développé l'activité de confection. Il propose aux habitants de leur vendre des poissons séchés et d'acheter les vêtements qu'ils fabriquent puis rentre au village. Du jour au lendemain, les pêcheurs voient leur marché et leurs revenus doubler, alors que les fabricants de vêtements subissent la concurrence des travailleurs de la forêt. Ils perdent leur travail, à moins de vendre leurs produits moins cher – le prix des vêtements baisse, tandis que celui du poisson monte. Les inégalités se creusent dans le village. Et lorsque les riches pêcheurs font construire une route qui traverse la forêt, afin d'augmenter le trafic de poisson séché, l'écart de revenu s'accroît encore... Le commerce entre les deux villages a sans doute augmenté la quantité de richesses produites, mais les inégalités ont tout autant progressé.

Le commerce international aurait donc été une explication plausible pour comprendre cette montée des écarts salariaux que les statisticiens observent. Mais, de façon étrange, les économistes qui travaillent sur la question récusent cette hypothèse et en privilégient une autre : le progrès technique.

C'est l'explication que donne Daniel Cohen à l'augmentation des inégalités, dans un petit livre magistral qui décrit la mondialisation fin de siècle[3]. Cohen y expose que la part des biens échangés est trop faible, en proportion de la taille de l'économie, pour avoir des effets aussi puissants que l'inégalité observée aux États-Unis. Il se rabat donc sur le progrès, avec la parabole du joint « O-Ring » : à l'instar de la navette spatiale Challenger, où la fiabilité dépend d'un niveau de qualité qui ne souffre pas la moindre faiblesse, la production des Temps modernes requiert une expertise et une qualification élevées. Même la pose d'un simple joint demande une attention extrême, car une erreur, ou un défaut de fabrication, peuvent avoir des conséquences catastrophiques sur la vie de l'équipage qui embarquera à bord du véhicule spatial – l'explosion en vol de Challenger, en janvier 1986, a été causée par le dysfonctionnement d'un de ces joints « O-Ring », qui n'a pas résisté à la chaleur du décollage.

La sophistication croissante des produits et des chaînes de fabrication de l'économie mondialisée demande une expertise de plus en plus élevée. Et l'on ne peut remplacer un travailleur qualifié par plusieurs qui ne le sont pas : la compétence est non substituable, ce qui explique son prix élevé, alors que la force de travail qui peut être échangée facilement se trouve en abondance sur le marché du travail, d'où la baisse de son prix. Dans cet univers, même une différence de compétence très faible peut se traduire par un écart de salaire considérable, si la compétence est justement non remplaçable[4].

Paul Krugman, à l'époque jeune économiste prometteur du Massachusetts Institute of Technology (MIT) de Boston, fait exactement la même analyse. Interrogé en 1997 sur les causes de la montée du chômage en Occident, il exclut la concurrence des pays à bas salaires[5]. Lui aussi estime que les variations de soldes des échanges de produits manufacturés entre les pays riches et les « pays en voie de développement », pour reprendre la terminologie d'alors, sont trop faibles pour avoir un impact significatif sur l'emploi. De plus, l'arrivée de nouveaux producteurs accroît la taille de l'économie mondiale, ce qui offre des opportunités de croissance considérables. Les emplois détruits sont bien visibles, ceux qui sont créés grâce à l'exportation le sont beaucoup moins…

C'est l'illusion malthusienne classique, renchérit-il, en brocardant ceux qui en sont victimes. Quant à la montée des inégalités, elle n'est pas contestable, mais elle provient pour l'essentiel du progrès technique – encore. La meilleure preuve, c'est qu'on observe une divergence des rémunérations aussi dans les secteurs non ouverts à la concurrence internationale. En bref, la mondialisation n'est pas coupable – c'est le titre d'un ouvrage du futur prix Nobel d'économie qui sera publié peu après.

Se développe alors la thèse de la « mondialisation heureuse » : à mesure que les pays rejoignent, un par un, le cercle vertueux de l'économie de marché, ils se modernisent, voient leur niveau de vie augmenter, ce qui permet aux pays développés de leur vendre leurs produits et leur savoir-faire. C'est le fameux gagnant-gagnant, un jeu à somme positive. Il y a bien des secteurs que les pays riches devront abandonner aux pays émergents, comme le textile, pour lesquels un coût du travail faible est un atout compétitif important. Mais en contrepartie, nous nous réservons les créneaux à haute valeur ajoutée : le luxe, les avions et autres industries à forte intensité technologique, qui nécessitent des emplois qualifiés et bien rémunérés. À chacun sa spécialité. Les Chinois fabriquent des T-shirts, et nous des centrales nucléaires. Nous achetons leurs frusques et eux acquièrent nos cathédrales technologiques. En leur achetant les produits qu'ils fabriquent, nous créons du pouvoir d'achat pour les produits que nous fabriquons. Ils sont payés trois francs six sous, et nous bien davantage – c'est le Yalta des Temps modernes.

Un jour ou l'autre, ils nous concurrenceront sur d'autres industries que celle des tongs. L'électronique bas de gamme sans doute, la voiture peut-être. Mais d'ici là, nous serons loin, grâce à l'innovation et à la formation. La mondialisation heureuse, comme son nom l'indique, prévoit une issue favorable pour tout le monde et par tous les temps – c'est l'économie pour la maternelle. Pour nous, le futur s'appelle « sortie par le haut », qui va permettre de financer notre modèle social. Et de maintenir un écart constant avec les pays émergents, histoire de justifier nos salaires beaucoup plus élevés que les leurs.

Les défenseurs du libre-échange ne nient pas que l'ouverture des frontières fait des victimes. Les producteurs de T-shirts chez nous par exemple, naguère protégés par des droits de douane qui renchérissaient les textiles fabriqués à l'étranger, de façon à ne pas pénaliser la production nationale, et qui se trouvent brutalement exposés à une concurrence mortelle. Les fabricants de jouets, d'électronique, de meubles se trouvent dans la même situation. Mais il s'agit de dégâts collatéraux, explique-t-on, qui n'entament pas le bénéfice global. Car l'arrivée de ces produits peu chers sur nos marchés libère du pouvoir d'achat. Les consommateurs sont donc plus riches, et ils peuvent dépenser le surcroît de revenu pour d'autres produits ou activités, qui créent de l'emploi chez nous. En bref, la mondialisation crée du pouvoir d'achat deux fois, répètent les économistes : dans les pays émergents qui produisent et s'intègrent ainsi dans l'économie mondiale, et dans les pays développés, qui profitent de produits beaucoup moins chers.

Thèse paresseuse, ressassée depuis vingt ans dans le village planétaire des experts. Dans les assemblées générales du Fonds monétaire international (FMI), tous les ans à Washington au mois d'avril, ou lors des réunions internationales, où se retrouvent les économistes les plus prestigieux, la plupart américains. Le Forum annuel de Davos, à la fin janvier, est particulièrement prisé par cette petite société mondiale et mondialiste. C'est dans la station des Alpes suisses qu'est née la thèse du bonheur économique sans frontières et sans date de péremption. Jusqu'au milieu des années 2000, chacune des réunions avait sa coqueluche, tel ministre des Finances, russe une année, indonésien ou brésilien celle d'après, qui venait faire un discours à la gloire du marché et de l'ouverture au commerce international. Le nouveau converti était vigoureusement applaudi par les centaines de participants enthousiastes et heureux d'élargir le cercle… En général, la vedette ne venait pas à Davos l'année suivante, car elle avait été emportée par une crise financière. Mais personne n'y prenait garde, car on l'avait oubliée. Et il y avait toujours un nouveau pays sous les feux de la rampe, bien plus intéressant que le précédent : « Avez-vous entendu le discours remarquable de ce ministre au nom imprononçable ? »

Il y avait bien sûr quelques dissidents, çà et là. Quelques économistes d'extrême gauche, souvent tout aussi paresseux que ceux qu'ils combattaient, qui récusaient la mondialisation par principe, en alignant les imprécations contre le grand capital. Ou bien des esprits originaux comme le Français Maurice Allais, qui obtint le prix Nobel d'économie en 1988. Tout à la fois libéral et anti-libre-échange, Allais publie, dans les toutes dernières années du siècle, un ouvrage au vitriol : *La Mondialisation, la destruction des emplois et de la croissance, l'évidence empirique*[6]. Il y dénonce, avec force répétitions, les ravages exercés par l'ouverture des frontières entre pays à niveaux de vie et de salaires hétérogènes, prônée par l'« Organisation de Bruxelles ». Mais comme ses idées vont à rebours du puissant courant idéologique du moment, il n'est guère écouté. Et même son prix Nobel d'économie ne parviendra à le faire sortir de l'isolement médiatique que de façon temporaire. Si ses manières un peu rudes et ses positions outrancières n'ont pas aidé à la diffusion des idées qu'il professait, la thèse souffrait, en elle-même, d'un handicap très difficile à dépasser : à la fin des années 1990, la mondialisation ne cesse de progresser, et la croissance est plus forte que jamais.

Tout semble se passer exactement comme dans les discours de Davos. Le nombre d'accords de libre-échange en vigueur explose littéralement, à près de deux cent cinquante, un record depuis la guerre. Commerce en plein boom et croissance forte vont donc de pair, il y a non seulement concomitance mais conséquence, voilà l'idée qui s'impose, soutenue par la lecture quotidienne des journaux économiques qui publient à jet continu de bonnes nouvelles libellées en milliards. C'est alors la bulle internet et sa folie spéculative.

Premiers doutes

Il faudra attendre 2004 pour que paraisse un article qui secoue profondément le consensus intellectuel. Il est écrit par un quasi-nonagénaire, dieu vivant chez les économistes, Paul Samuelson. Conseiller du président Kennedy, premier prix Nobel d'économie jamais accordé à un Américain en 1970, compagnon intellectuel des plus grands du siècle, Samuelson est *la* référence. Il s'est tenu à l'écart des idéologies et a au contraire cherché à faire la synthèse entre la pensée libérale classique et le keynésianisme. Il conserve une acuité intellectuelle exceptionnelle, même à cet âge canonique – curieusement, nombre d'économistes réputés ont été centenaires ou presque. Et sur ses vieux jours, il décide de se payer les idolâtres du libre-échange.

L'idée selon laquelle la mondialisation est nécessairement bénéfique à long terme est une « contrevérité », explique-t-il dans un article publié par une prestigieuse revue économique[7]. Lorsque les économistes de la pensée unique affirment que le commerce international est largement positif au total, il ne s'agit que d'une supposition : il est « absolument faux » de prendre pour acquis que les bénéfices sont supérieurs aux destructions d'emplois et aux pertes de revenus. Le libre-échange peut causer des dommages permanents à l'un des pays qui commerce, poursuit l'iconoclaste, et ne profiter qu'à un seul des partenaires. Dans une interview qu'il accorde au même moment au *New York Times*[8], il précise sa pensée. Des pays comme la Chine ou l'Inde, qui grimpent quatre à quatre les échelons du développement technologique, ont les moyens de modifier les termes de l'échange avec les États-Unis en provoquant une baisse durable des revenus par tête pour les salariés américains. Et il réfute le contre-argument classique des mondialistes : acheter son épicerie 20 % moins cher chez Walmart – une chaîne de supermarchés américains – ne compense pas forcément les pertes de salaire. À quoi sert un tel gain de pouvoir d'achat, partiel, si l'on a perdu son emploi ? Enfin, les nouvelles technologies, qui abaissent les bonnes vieilles frontières entre les différents marchés du travail, exercent une pression à la baisse encore plus forte sur les salaires, ajoute-t-il : « Si vous ne croyez pas que tout cela puisse modifier les salaires moyens en Amérique, alors vous croyez aux contes de fées. »

Au moment où paraît cet article, l'économie mondiale connaît une sorte d'été indien, complètement artificiel, et l'on ne prête guère attention aux divagations du vieil homme. Au diable ce grincheux d'un autre âge. Aux États-Unis, Alan Greenspan, le président de la Federal Reserve, pratique des taux d'intérêt suffisamment faibles pour déchaîner l'endettement des consommateurs et faire grimper les prix de l'immobilier de 10, 15 ou 20 % par an, selon les États nord-américains.

En Europe, c'est l'an III de l'euro, la croissance est là et elle entretient les illusions sur la solidité de l'union monétaire. Le Français Jean-Claude Trichet est à la manœuvre, à la tête de la Banque centrale européenne depuis 2003. Lui aussi pratique une politique monétaire trop accommodante, qui convient bien à la situation de l'Allemagne, première économie de la zone, mais pas aux pays d'Europe dite « périphérique » (l'Espagne, le Portugal, la Grèce, l'Irlande), qui auraient eu besoin, eux, de taux d'intérêt plus élevés pour ralentir leur croissance et freiner l'inflation. C'est l'inconvénient du « one size fits all », la taille unique pour tous, le propre de l'union monétaire.

Quant à la Chine, elle aussi marche à plein régime, dopée par un investissement qui approche 50 % du pib et le tsunami d'exportations qu'elle déclenche vers les marchés développés. Les réserves de change babyloniennes sont pour partie réinvesties en bons du Trésor américains. Ce qui fait chuter les taux d'intérêt américains. Et stimule l'endettement des ménages. Et fait alors monter les prix de l'immobilier, accroît le sentiment de richesse des ménages et les pousse à consommer davantage… Ce qui augmente les exportations chinoises aux États-Unis, fait encore grimper l'excédent, donc les réserves de change, et les investissements en bons du Trésor américains, et fait encore chuter les taux d'intérêt ! Au milieu des années 2000, la grande lessiveuse transpacifique fonctionne à plein régime. Les flux de commerce et d'investissement internationaux – la mondialisation – y jouent un rôle essentiel.

Le coup d'arrêt à cette mécanique fatale de l'endettement est porté en 2007-2008, avec la crise des *subprimes*, déclenchée par la baisse des prix de l'immobilier. C'est lorsque la crise commence à mordre sur l'économie réelle que Paul Krugman fait une volte-face spectaculaire en publiant des travaux intitulés « Commerce et salaires, reconsidérés[9] », lors de la réunion de printemps de l'institut Brookings. Lorsqu'il présente sa contribution, le futur Prix Nobel débute ainsi son discours : « Cet article est le symptôme d'un sentiment de culpabilité. » Si les économistes ne sont pas réputés pour leur souplesse intellectuelle, Krugman est connu pour son arrogance, qui ne laisse guère de place au retour sur soi. Qu'est-ce qui a bien pu le faire changer d'avis ?

Il explique d'abord que les données qui lui ont servi à établir que le commerce international n'avait qu'une incidence marginale dans la croissance des inégalités sont anciennes. Depuis, les échanges ont littéralement explosé. Et ce changement de mesure s'est doublé d'un changement de nature : l'éclatement et la fragmentation des chaînes de production dans les différents pays, désormais intégrés grâce aux nouvelles technologies de l'information et à la baisse des prix du transport, a exposé les pays développés à une concurrence bien plus large qu'auparavant. À cause de cet essor, les échanges des États-Unis avec la Chine ou le Mexique ont progressé bien davantage que le pib de ces deux pays comparés à celui de l'Amérique du Nord. L'extraordinaire croissance des exportations chinoises a peut-être eu des conséquences significatives sur la distribution du revenu aux États-Unis, ajoute-t-il. Et ce qui vaut pour les États-Unis vaut pour tous les pays développés. L'Europe est le premier marché pour les produits chinois. Krugman termine son article avec un tête-à-queue : il est encore top tôt, dit-il, pour évaluer précisément les conséquences de l'intensification des flux de commerce sur l'emploi et les salaires. Mais il récuse néanmoins les certitudes d'antan.

Le 15 septembre 2008, une banque d'affaires new-yorkaise, Lehman Brothers, fait faillite, plombée par des investissements aventureux. Les autorités financières américaines refusent de l'aider, contrairement à ce qu'elles avaient fait pour Bear Stearns, autre établissement de Wall Street tombé en déconfiture quelques mois auparavant. La chute de la maison Lehman déclenche une panique financière mondiale. En quelques jours, c'est tout le système de prêts croisés et de contreparties à l'échelle de la planète qui se fige, paralysé par la peur. Faute d'avoir la certitude d'être remboursés, les acteurs du grand marché mondial, banques ou entreprises, qui d'habitude se prêtent sur leur simple bonne mine, suspendent toutes leurs opérations. Et l'on prend conscience à cette occasion que la mondialisation financière et commerciale repose sur un socle incroyablement fragile, la confiance. La confiance, un bien immatériel qui échappe largement aux gouvernements : c'est une foi un peu naïve, construite au fil du temps, qui nous fait croire que tout se déroulera comme d'habitude. Et lui pense exactement la même chose, sans davantage de preuves ou d'assurance. Sans ce bien volatil et précieux, les échanges internationaux s'interrompent instantanément. Du jour au lendemain, l'élite mondiale de la finance redevient une horde de chasseurs inquiets pour leur survie, ne croyant plus guère que ce qu'ils voient… Et tous les codes longuement apprivoisés se dissipent.

Dès la fin de 2008, les plus grandes économies du monde initient des plans de relance pour des centaines de milliards de dollars, et l'économie repart péniblement à la mi-2009. Le choc est d'une violence à laquelle personne n'était préparé. Pour la communauté des dirigeants et des économistes, la crise des années 1930 ne pouvait pas se reproduire. Dans leur esprit, oublieux de l'histoire économique et de l'éternel retour des crises financières, la Grande Dépression s'expliquait d'abord par l'incompétence des banquiers centraux et des gouvernements, et par le peu de contacts qu'ils avaient entre eux, rendant impossible une réponse concertée. Ces braves gens du début du XXe siècle avaient mis en œuvre une politique parfaitement contraire à ce qu'il fallait faire – des ignorants. La Dépression était donc un phénomène unique. Tout comme les crises bancaires, qui ne pouvaient plus arriver dans les pays développés : le risque financier était une maladie ancienne, contre laquelle un vaccin avait été trouvé.

Certains modèles mathématiques avaient évalué la probabilité d'un tel accident et l'avaient jugé aussi vraisemblable que la chute d'un météore sur Wall Street ! Ces modèles étaient tout simplement faux, parce qu'ils étaient construits sur l'observation des quelques années récentes, période durant laquelle la météo financière avait été exceptionnellement clémente. Et ils faisaient fi d'un élément essentiel pour comprendre les marchés, la psychologie collective, qui pousse les moutons de Panurge à acheter tous en même temps quand les cours montent, et à vendre comme un seul homme lorsque la marée se retire. Marc de Scitivaux, l'un des rares analystes qui avait prévu la crise financière, le dit sans détour : « Les deux émotions qui déterminent l'évolution des marchés financiers sont le désir d'accumuler et la peur de perdre. » Ou, dans la langue de Shakespeare, *greed and fear*.

Conversions idéologiques

Avec la crise, tous les piliers de la science économique vacillent. La fameuse hypothèse de l'efficience des marchés, qui voulait que la simple confrontation de l'offre et de la demande permette la meilleure allocation des ressources disponibles, le dogme de la mondialisation heureuse… En quelques jours, un demi-siècle de certitudes économiques s'évanouit. Même un Larry Summers, ancien secrétaire au Trésor d'une des époques les plus libérales que l'Amérique ait connue, la présidence Clinton, fait amende honorable dans une série de deux articles publiés par le *Financial Times*[10]. Il y explique qu'il sent poindre la montée du ressentiment contre la mondialisation, aux États-Unis et dans nombre d'autres pays développés. Pour la première fois, un membre éminent de l'élite économique mondiale prend au sérieux cette préoccupation montante. Il l'explique par le fait que les salariés supportent un poids « disproportionné », celui de l'ajustement face à la concurrence des pays à faibles salaires. Et par la déconnexion croissante entre les intérêts des grandes entreprises exportatrices et celles des salariés : dans une économie ouverte, une entreprise n'a pas grand intérêt à entretenir le capital humain, car elle a le choix permanent entre toutes les localisations possibles pour sa production, et ne cesse de rechercher le meilleur rapport qualité-prix. Il y a toutes raisons de penser que le succès des pays émergents sera de plus en plus problématique pour les travailleurs américains, poursuit-il. Et si Summers se dit toujours favorable au libre-échange, il milite pour corriger les déséquilibres qu'il crée.

La crise brouille les repères de l'idéologie dominante, parce qu'elle pointe tout d'un coup les dangers du modèle de croissance que le monde avait choisi, au fil des années 1990, en faisant disparaître progressivement les règles et les frontières commerciales. Il se produit un phénomène exactement comparable à celui des années 1930, pour les mêmes raisons. Une partie des élites, qu'il s'agisse de politiciens, de chefs d'entreprise ou d'intellectuels, bascule dans le camp des critiques du libre-échange. Quand les faits changent, les économistes changent d'avis, pour paraphraser la célèbre phrase de Keynes.

Du coup, on réinterprète cette longue période de croissance éblouissante qu'a connue la planète entre 1990 et 2008. Une petite vingtaine d'années qui ont vu l'Amérique renaître, l'Europe créer son grand marché et lancer la monnaie unique, la Russie et ses satellites rejoindre l'économie de marché, la Chine littéralement décoller, pour devenir la deuxième économie du monde et le premier exportateur de la planète, les « pays en voie de développement » devenir des pays émergents, alignant les records de croissance. Pas moins de treize pays progressent à plus de 7 % par an pendant ces années-là. Quelle période ! Jusqu'à la crise, il n'y avait qu'une explication, la mondialisation.

Après la crise, c'est tout autre chose. On comprend alors que la croissance devait beaucoup à l'endettement excessif, aux États-Unis, en Europe et en Chine même. Les vertus de la mondialisation ne sont pas si puissantes qu'elles aient permis une telle accélération de l'activité mondiale sans l'emballement du crédit. On voit tout aussi nettement que cette mondialisation a changé de nature, au début des années 2000. Comme Samuelson en avait eu l'intuition, les pays émergents, et la Chine au premier chef, ont progressé dans la technologie, ce qui leur permet d'investir des créneaux à haute valeur ajoutée tout en conservant, en même temps, l'avantage compétitif des salaires faibles. Ils tiennent les deux bouts de la ficelle. La Chine fabrique à la fois des T-shirts et des centrales nucléaires, et tous les produits d'intensité technologique intermédiaircs : cafetières, téléviseurs, machines-outils, Smartphones.

L'élargissement considérable du marché mondial, s'il a eu des conséquences positives, a bien creusé les inégalités. D'après des chiffres cités par l'économiste Michael Spence[11], les États-Unis ont créé 27 millions d'emplois entre 1990 et 2008. Mais la quasi-totalité de ces postes de travail, soit 98 %, a été créée dans le secteur abrité de la concurrence internationale, c'est-à-dire dans l'administration gouvernementale et le secteur de la santé (10 millions d'emplois à eux seuls), la construction et les hôtels-restaurants. Rien que de très traditionnel. Quant au « secteur exposé » (l'industrie, la finance, les nouvelles technologies) – par opposition au « secteur abrité », c'est-à-dire non soumis à la concurrence –, il n'a créé que 600 000 emplois sur cette période de presque vingt ans ! Incroyable bilan de la révolution technologique américaine : le secteur exposé, réputé l'un des plus compétitifs du monde, n'a créé que 30 000 emplois par an en moyenne, à rapporter à un marché du travail de 150 millions de personnes… Et alors que la valeur ajoutée qu'il a créée, c'est-à-dire la quantité de richesse produite, a progressé, elle, de 52 % sur la période. C'est dire le gigantesque bond de productivité que le secteur a connu, en délocalisant les emplois faiblement qualifiés et faiblement rémunérés, et en ne créant que très peu de postes de travail très qualifiés et très bien rétribués, dans la finance, le marketing ou l'internet par exemple.

Le secteur non mondialisé, beaucoup moins productif – l'administration et la santé sont peu soumis au progrès technologique car on ne remplit pas un formulaire sensiblement plus vite qu'il y a vingt ans, pas plus qu'on ne fait des progrès pour servir un client au restaurant plus rapidement –, a vu la richesse qu'il crée progresser de 12 % seulement depuis 1990. C'est d'ailleurs pour cela qu'il a créé autant d'emplois pendant la période. Emplois non délocalisables, faiblement productifs et faiblement rémunérés – caissière chez Walmart, une chaîne de supermarchés américaine, livreur de paquets chez UPS, etc. Quant aux emplois qualifiés de ces branches, s'ils ont vu leur salaire progresser fortement, c'est à cause de la concurrence qu'exerce le secteur exposé pour recruter les diplômés des meilleures universités.

Le mystère de la croissance des inégalités s'explique enfin. « L'ouverture croissante des économies nationales aux échanges de biens et de services, aux mouvements des capitaux ou des connaissances techniques, et surtout l'irruption de nouveaux acteurs dans ces échanges, constituent en effet des explications possibles et de première importance », note François Bourguignon[12]. Les emplois peu qualifiés de l'industrie, qui assuraient naguère des revenus à progression constante grâce à la productivité du secteur – dans les usines de construction automobile, par exemple, qui ont tiré la croissance des Trente Glorieuses –, ont disparu, expatriés dans les pays émergents. Ils ont été remplacés par des jobs de service, aux horaires fractionnés, aux salaires modestes et sans perspective d'augmentation car la productivité y est faible. L'ouverture au commerce a dynamité le système social des classes moyennes et populaires.

À l'autre extrémité de l'échelle sociale au contraire, tout va bien, car le libre-échange a dopé la productivité et les salaires, tout en stimulant la concurrence pour le recrutement des élites. Les artistes profitent ainsi de l'émergence d'une société mondiale, en proie aux mêmes engouements. Le « tube » ne connaît plus de frontières. Ce qui décuple, centuple le marché. Bourguignon note ainsi qu'Enrico Caruso, le premier chanteur d'opéra devenu une vedette internationale, a vendu un million de disques, alors que presque un siècle plus tard, son homologue Luciano Pavarotti en a vendu plus de 100 millions[13]. Ce qui vaut pour la musique vaut bien sûr au moins autant pour le sport, devenu un spectacle mondial grâce aux nouvelles technologies. Quant aux revenus des traders, qui explosent littéralement, ils profitent de la libéralisation des capitaux, qui permet à l'épargne de voyager par-delà les océans alors qu'elle était auparavant confinée sur d'étroites scènes nationales. La forte progression des volumes d'argent traités par ces techniciens sans grande qualification rajoute plusieurs zéros à leur rémunération.

Dans ce nouveau monde, la rentabilité du diplôme a très fortement progressé, car le niveau de formation initiale conditionne le point d'entrée sur le marché du travail, qui détermine lui-même l'évolution des revenus durant toute la vie. On ne passe plus d'une classe à l'autre que difficilement : celui qui débute avec des tâches subalternes a de très faibles chances de grimper les degrés de l'échelle sociale.

Sur vingt ans, le libre-échange a donc eu des effets considérables sur la distribution des revenus aux États-Unis. À dire vrai, il en a eu d'aussi puissants, très favorables, sur les revenus en Chine et en Inde. Dans ces pays, les inégalités ont fortement progressé aussi. Mais une classe moyenne est apparue, grâce à la migration des emplois industriels à forte productivité. L'industrie est un ascenseur social. Car le progrès technique régulier garantit la hausse des salaires – c'est bien la preuve que le progrès technique ne provoque pas les inégalités salariales, contrairement à ce que pensaient les économistes il y a vingt ans, mais au contraire qu'il les réduit.

Fausse exception française

Et la France ? Entre 1990 et 2008, la France passe de 23,2 à 26,3 millions d'emplois, c'est-à-dire que son marché du travail connaît une progression de presque 14 %. Augmentation qui dissimule des mouvements semblables à ceux qu'on observe aux États-Unis pendant la même période. L'agriculture s'effondre, voyant le nombre de ses emplois divisé par deux. L'industrie subit une saignée, passant de 4,4 millions à 3 millions de postes de travail. Et les services, au contraire, explosent. Le commerce (+ 490 000 emplois), les cafés, hôtels et restaurants (+ 310 000), mais surtout l'administration et l'enseignement, des emplois publics pour beaucoup (+ 2 660 000). La France a donc connu la même évolution que les États-Unis dans la structure de ses emplois, avec une progression du tertiaire, avec des emplois dans des secteurs peu productifs remplaçant des emplois industriels et agricoles. La « montée en gamme » n'est pas plus spectaculaire chez nous qu'outre-Atlantique.

Où sont partis ces emplois d'ouvriers ? Une étude donne des éléments de réponse, élaborés par Lilas Demmou[14]. Un quart des destructions d'emplois dans l'industrie proviendrait d'un simple transfert statistique. Naguère, le personnel nettoyant un atelier était recensé dans la catégorie des travailleurs de l'industrie. Depuis, la plupart des entreprises ont externalisé, c'est-à-dire sous-traité les activités périphériques (le nettoyage, mais aussi la restauration, l'entretien des machines, etc.) à des entreprises spécialisées, répertoriées dans les activités de services. Les emplois n'ont en réalité pas disparu, le personnel effectue exactement les mêmes tâches qu'auparavant mais n'est plus comptabilisé de la même façon. L'effet statistique s'estompe toutefois puisque le mouvement d'externalisation est arrivé à son terme.

La période récente – entre 2000 et 2007 – aurait vu monter deux autres explications à l'amenuisement des ressources humaines de l'industrie tricolore. La première est la productivité de l'industrie et les changements de consommation qu'elle provoque, qui ont causé 65 % des destructions d'emplois. En raison de l'amélioration technique incessante et de l'efficacité croissante de l'organisation du travail, il faut en effet de moins en moins de travail humain pour fabriquer une voiture ou un réfrigérateur. Ce mouvement continu, aussi vieux que l'industrie elle-même, a des effets négatifs de court terme, mais aussi des bénéfices de long terme, car il permet la diffusion large des produits en question grâce à la baisse des prix, et la hausse régulière des salaires. L'autre explication, pour 28 %, est la concurrence internationale. Reste à savoir si ces deux explications sont liées : n'est-ce pas l'exposition à une concurrence des pays à faibles salaires qui a accéléré la substitution des hommes par les machines, ou modifié les lignes de production en délocalisant certaines parties de la production ?

La croissance de la productivité, durant les années 2000, proviendrait alors en partie de l'internationalisation des chaînes de production industrielles. Et du renforcement de la concurrence internationale. En 2001, la Chine intègre en effet l'Organisation mondiale du commerce, bénéficiant alors de marchés internationaux ouverts, et en 2004, le grand marché européen s'élargit de quinze pays à vingt-sept, qui comprennent des économies à faible coût du travail, comme la Roumanie.

François Bourguignon, l'un des meilleurs spécialistes, estime que les inégalités en France ont atteint leur point bas dans les années 1990, à un niveau plus faible que les autres pays développés[15]. Quant aux différences de revenus entre salariés à temps complet, elles ont aussi diminué depuis la guerre jusqu'aux années récentes où les plus hauts salaires ont progressé bien plus vite que les autres. Pour autant, on ne constate pas chez nous de chute de revenus réels des salariés peu qualifiés. Pour deux raisons : d'abord parce que la France possède l'un des systèmes de redistribution les plus puissants au monde, grâce aux nombreuses prestations sociales qui jouent le rôle d'amortisseurs ; ensuite, et surtout, parce qu'il y a chez nous un salaire minimum, le Smic, qui oblige à revaloriser les rémunérations les plus faibles.

Ces deux caractéristiques expliquent la bonne performance française dans les classements internationaux sur les inégalités. Elles expliquent aussi une particularité nationale beaucoup moins glorieuse, la persistance d'un chômage élevé, en particulier chez les non-qualifiés, et parmi eux, surtout chez les jeunes. Comme le prix du travail a un plancher avec le Smic, alors que des concurrents étrangers apparaissent avec un coût du travail plus faible, les entreprises suppriment des emplois chez nous.

Faute de pouvoir ajuster le prix du travail, elles se vengent sur la quantité, pour utiliser le langage des économistes, c'est-à-dire sur le nombre de personnes qu'elles emploient – elles font des efforts de productivité, de façon à éviter les embauches. En particulier pour le travail faiblement qualifié, plus sensible à la concurrence internationale. Et pour celui des jeunes, qui sont par nature moins productifs que les autres salariés, parce qu'ils manquent d'expérience : un jeune non qualifié est souvent trop coûteux lorsqu'il est employé au Smic. Il n'est donc pas embauché, si ce n'est avec ces fameux « stages » à 400 euros par mois, qui ne sont guère qu'une façon de contourner l'obligation de payer un salaire minimum.

À y regarder de près, ce n'est donc pas le Smic lui-même qui détruit les emplois, mais la concomitance du salaire minimum et de la concurrence des pays à faibles salaires. Quand la concurrence exerce sa pression et que les prix du « *made in France* » ne peuvent baisser, les consommateurs se tournent vers le « *made in China* ».

En réalité, le prix du travail a baissé en France, mais de façon invisible pour le salarié. Il a d'abord été rogné silencieusement par les dévaluations durant les années 1980, où le franc a perdu le tiers de sa valeur par rapport au Deustche Mark allemand. Les salaires étaient quand même revalorisés, au moins jusqu'à la « rigueur » de Jacques Delors, en 1983, mais pas tous au même rythme. Ce qui permettait d'ajuster finement le niveau de compétitivité salariale en fonction des secteurs, des qualifications et des âges.

En 1987, la France s'interdit la dévaluation, parce que l'union monétaire européenne est en marche et qu'elle impose une phase de convergence où les devises sont corsetées dans une grille de taux de change quasi fixes, le système monétaire européen (SME). La nécessité de baisser le coût du travail ne disparaît pas pour autant. La France se tourne alors vers un nouvel expédient, la réduction des charges sociales, qui permet de baisser les coûts salariaux pour l'employeur sans pénaliser le travailleur, celui-ci ne subissant pas l'amputation de sa rémunération nette. Mise en place par la droite à l'été 1993, alors qu'Edouard Balladur était à Matignon, cette politique d'allégement des cotisations a été maintenue et amplifiée par tous les gouvernements qui se sont succédé ensuite, y compris à gauche.

Pour autant, il y a bien eu une facture à régler. Ces allégements coûtent plusieurs dizaines de milliards d'euros chaque année et sont financés par… le déficit budgétaire français, c'est-à-dire la dette publique du pays. La France a préféré « socialiser » la baisse du coût du travail, en en transférant le sacrifice sur les comptes de l'État – sur les générations futures, celles qui payeront la dette. Plutôt que de creuser l'inégalité entre les classes sociales, la France a préféré développer celle qui sépare les classes d'âge.

La crise de l'euro a pourtant changé la donne et interdit le subterfuge. On ne peut plus s'endetter, pas plus qu'on ne peut dévaluer. Or, l'aiguillon de la concurrence étrangère est de plus en plus douloureux. Du coup, la France socialiste tente une nouvelle voie pour réduire le coût du travail : le crédit d'impôt pour la compétitivité. Avec ce système mis en place en 2013, les entreprises peuvent déduire de leur impôt sur les bénéfices 4 % des salaires qu'elles payent (et 6 % en 2014). C'est l'équivalent d'un nouvel allégement des charges. Mais cette fois, il ne sera plus financé par le déficit, mais par des hausses d'impôt sur la consommation, la TVA notamment. En clair, on va demander au consommateur de subventionner le salarié... Comme il s'agit bien souvent du même individu, on sollicite en réalité le salarié lui-même pour qu'il finance l'amélioration de sa compétitivité.

Dans le même temps, les partenaires sociaux ont adopté le 11 janvier 2013 l'Accord national interprofessionnel (ANI), qui prévoit lui aussi que rémunérations et temps de travail peuvent diminuer, pour faire face à une baisse temporaire d'activité. Et nombre d'entreprises, à l'instar de Renault, ont négocié et adopté, avec l'aval des syndicats, des dispositifs qui « échangent » baisse du coût du travail ou flexibilité accrue contre garantie d'emploi sur plusieurs années. Chez Renault, le temps de travail hebdomadaire est remonté de 32 à 35 heures, en contrepartie de quoi de nouvelles gammes de véhicules vont alimenter les chaînes de production françaises, pour maintenir l'activité et l'emploi.

Bon gré mal gré, de façon directe ou détournée, les salaires peu qualifiés commencent donc à baisser aussi en France. Et l'effet de la concurrence internationale n'est pas douteux, comme en témoigne l'exemple de Renault. Pendant plusieurs années, la production du constructeur au losange a été délocalisée en Slovénie, en Turquie ou en Roumanie, parce que les coûts y sont bien plus faibles. Au point que Renault ne fabriquait plus que 20 % de ses voitures en France. Mais ce chiffre va remonter sensiblement, grâce à l'accord de compétitivité qui fait baisser le prix de revient d'un véhicule « *made in France* ».

La mondialisation, si elle crée du revenu dans les pays émergents, exerce une pression forte sur les salaires du travail faiblement qualifié chez nous et met à l'épreuve les classes moyennes. L'effet a d'ailleurs été déjà constaté lors des précédentes vagues de mondialisation. En 1913, quand, malgré un commerce international moins développé qu'aujourd'hui, la rémunération du capital et du travail qualifié au Royaume-Uni a flambé. À l'inverse, les pays de la périphérie du système capitaliste de l'époque, l'Asie et l'Amérique latine, ont connu une véritable désindustrialisation[16]. Au commencement de la révolution industrielle, ces régions possédaient des ateliers et un niveau de développement comparable à celui des Européens. Mais entre 1750 et

1913, l'Europe multiplie sa production par près de six, alors que les pays asiatiques et sud-américains voient la leur divisée par plus de trois.

La mondialisation fait donc des heureux et des malheureux, des perdants et des gagnants. Et cela ne date pas d'hier.

CHAPITRE 3

La grande illusion

Comme si l'histoire n'était jamais d'un grand secours, une illusion revient de loin en loin obscurcir l'entendement des hommes : le « doux commerce », pour reprendre les mots de Montesquieu, aurait pour effet naturel de porter à la paix. Comme si l'échange avait, en lui-même, une vertu apaisante sur la nature humaine, grâce à l'expérience de la dépendance mutuelle qu'il provoque. Même de brillants esprits avertis des dangers de la guerre sont tombés dans le panneau. Ainsi Jean Jaurès, au cours d'un débat à la Chambre des députés, le 13 janvier 1911 : « Avec l'internationalisme croissant des affaires, les intérêts de tous les peuples sont à ce point enchevêtrés qu'un désastre de l'un est un désastre pour tous. De plus en plus, le réseau des intérêts oblige tous les peuples à se ménager les uns les autres, à éviter les grandes catastrophes de la guerre. »

Le discours du député pacifiste s'appuyait sur un ouvrage paru outre-Manche en 1910, *La Grande Illusion*[1], qui connut alors un succès planétaire. L'auteur, Norman Angell, y développait la thèse fort contemporaine que la richesse des pays repose sur l'interdépendance économique, produite par une division du travail de plus en plus fine et un réseau de communications toujours plus développé. Les intérêts financiers sont si intimement liés à ceux du commerce et de l'industrie qu'un agresseur ne peut toucher au commerce de l'ennemi sans se mettre lui-même en péril, expliquait-il. La mondialisation transforme donc les conflits entre les hommes, dévaluant les guerres entre les nations pour exalter au contraire les rivalités de classes et d'intérêts. « Toutes ces tendances nouvelles, issues des conditions nouvelles du monde et notamment de la rapidité des communications, font que les problèmes de la politique internationale d'aujourd'hui sont tout différents de ceux d'autrefois », poursuivait Angell.

Quatre ans tout juste après avoir écrit cela, l'auteur assistait au déclenchement de la Première Guerre mondiale. Et au déchaînement des nationalismes. La Belle Époque et sa mondialisation avancée n'avaient pas interdit les conflits, mais au contraire semblé les exacerber. Robert Kagan, néoconservateur américain et spécialiste de la diplomatie, note ainsi que « l'histoire n'a pas été clémente avec la théorie qui veut que les liens commerciaux étroits empêchent les conflits entre les nations[2] ». C'est le moins que l'on puisse dire.

On a vu pourtant resurgir ces thèses à la suite de l'effondrement des régimes communistes d'Europe orientale et de l'optimisme déraisonnable qu'il a déclenché. C'était la fin de l'histoire... et celle des conflits pour s'approprier les richesses de la planète, puisque les démocraties ne se font pas la guerre entre elles, disait-on. Ces thèses réapparaissent encore aujourd'hui, à propos des relations entre la Chine et les États-Unis. Les deux nations sont bien sûr en rivalité, mais, disent les experts, les États-Unis constituent le marché pour les produits fabriqués en Chine, tandis que Pékin est le banquier de Washington, achetant des centaines de milliards de dollars de bons du Trésor nord-américains... Je te tiens, tu me tiens par la barbichette : la Chine et les États-Unis ne peuvent se faire la guerre car les deux géants sont ceinturés l'un à l'autre par d'innombrables fils, dépendance mutuelle qui ferait tomber l'un si l'autre était déséquilibré. Là où il y avait la dissuasion nucléaire, peur de l'anéantissement de la planète, il y a aujourd'hui la dissuasion économique, fruit de l'interpénétration croissante des intérêts nationaux.

Ces considérations n'ont bien sûr pas plus de valeur qu'à l'époque de Norman Angell. Elles sont tout aussi fausses qu'alors, construites sur l'illusion de la disparition progressive des nations, à mesure que se déploient les réseaux de télécommunications sur la planète.

Effet papillon

Si de telles illusions se propagent de temps à autre, c'est parce que l'on oublie que l'interdépendance est avant tout une dépendance. Par nature, la mondialisation soumet un groupe social, un peuple, une nation ou un pays à des forces planétaires, résultant de volontés innombrables et lointaines, indifférentes et inflexibles. Dans une économie mondialisée, les États et ceux qui les dirigent, le personnel politique, sont à la merci de forces qu'ils ne dominent pas. Forces tout aussi capricieuses que celles de la météo. Ainsi, si les Espagnols croulent sous un stock de logements invendus qui va peser sur la croissance dans les années qui viennent, c'est en bonne partie à cause de la réunification allemande, décidée il y a un quart de siècle, qui provoqua indirectement la bulle spéculative sur les logements d'Europe méridionale. Certes, l'impact de la décision a été d'autant plus violent que l'Espagne et l'Allemagne vivent en union monétaire. L'euro est une courroie de transmission, alors qu'un régime de change souple aurait permis d'atténuer le choc. Mais il y a mille exemples de telles interactions avec des pays qui possèdent chacun leur monnaie. La baisse du yen japonais, par exemple, intervenue au début 2013, joue un rôle manifeste dans le ralentissement chinois : le Japon importe moins de produits fabriqués chez son grand voisin, parce qu'ils sont devenus plus coûteux à cause de la dévaluation japonaise. Le Japon a en réalité « exporté » sa stagnation chez ses voisins, la Chine en particulier. Si la Chine ralentit, elle crée moins d'emplois, l'urbanisation ralentit, on construit moins de logements, on importe donc moins de cuivre pour installer des réseaux électriques – la Chine consomme 40 % du métal rouge produit sur la planète. Le cours du cuivre, très volatil, chute : les Zambiens et les Chiliens, producteurs de cuivre, voient leurs revenus diminuer d'autant. La dévaluation du yen, une décision prise à Tokyo, déclenche donc une onde qui se propage jusqu'en Amérique du Sud et en Afrique.

La mondialisation, c'est l'effet papillon. Les chaînes de causalité ne sont pas véritablement aléatoires – il y a bien un rapport logique entre la succession de deux événements. Mais comme dans un cadavre exquis, ce jeu pratiqué par les surréalistes, lorsqu'on associe le premier et le dernier mot de la séquence, on obtient de curieux apparentements. Curieux, mais inflexibles : le salaire d'un habitant de Santiago du Chili dépend aussi de la banque centrale du Japon. Et pas moyen de s'y soustraire.

En principe, le taux de change constitue une protection contre ces désagréments. Que le niveau de vie des Chiliens plonge, leur croissance va baisser, la banque centrale diminuera ses taux d'intérêt, ce qui fera chuter le taux de change, rétablissant la compétitivité du pays sur les marchés étrangers. Mais la dévaluation n'est pas toujours possible – elle est ainsi interdite au sein de la zone euro, par construction – et elle a des effets secondaires comme la hausse des prix. Si le change baisse en effet, l'achat de produits à l'étranger se révèle plus coûteux, le pétrole par exemple, et la poussée d'inflation se diffuse peu à peu dans l'ensemble de l'économie, réduisant à néant le bénéfice initial de l'opération, puisque les salaires finissent par remonter en suivant les prix.

Afin de compenser la perte de revenu des producteurs de cuivre et d'indemniser les nouveaux chômeurs, l'État chilien peut aussi laisser se creuser temporairement le déficit ou lever des impôts, pour distribuer des allocations. C'est la raison pour laquelle les petits pays dont l'économie est très dépendante de l'exportation – les Pays-Bas, le Danemark, la Suède, la Finlande – ont un niveau de dépenses publiques élevé : ils protègent ainsi leurs citoyens des grands courants d'air de l'économie-monde.

Argent en liberté

Il y a donc deux outils pour atténuer les inconvénients de l'interdépendance, la politique monétaire et la redistribution, le taux de change et l'État providence. Mais ces outils se sont émoussés. Un changement majeur est en effet intervenu au fil des années 1980 et 1990, la libéralisation progressive des mouvements internationaux de capitaux – en clair, la disparition des frontières pour l'argent – qui a considérablement rétréci les marges d'action des États.

Au sortir de la Seconde Guerre mondiale, la conférence de Bretton Woods avait patiemment élaboré un régime de change international, construit autour de la devise de la superpuissance que la guerre avait consacrée, les États-Unis. Le dollar était défini par son poids en or, et les autres monnaies lui étaient liées par un système de change fixe et ajustable. Pour faire tenir l'ensemble, les responsables internationaux avaient soumis les mouvements de capitaux au contrôle des États. Un particulier ou une entreprise ne pouvait faire sortir de l'argent librement du pays. Il fallait obtenir une autorisation de l'administration.

Peu à peu, le système créé à Bretton Woods s'est dissous. Les monnaies ont alors flotté les unes par rapport aux autres, ballottées par les marchés financiers naissants, plus ou moins soutenues par les banques centrales. Parallèlement, la finance et la banque ont été déréglementées – on a allégé, voire supprimé, les contrôles étatiques sur la distribution de crédit et l'investissement, activités banalisées comme un simple commerce. Le fait essentiel est la disparition des contrôles aux frontières pour les sorties et entrées de capitaux. L'Europe adopte par exemple en 1988 une directive enjoignant à tous les membres du marché unique de démanteler ces contrôles avant le 1er janvier 1993, date d'achèvement du marché unique. La France se conformera à cette injonction tout au début des années 1990, alors que Pierre Bérégovoy est ministre des Finances puis Premier ministre. La quasi-totalité des pays développés et émergents choisit de laisser l'argent circuler librement au-delà des frontières, dans le climat libéral qui prévaut alors.

Insensiblement, le rapport de force entre la puissance taxatrice, l'État, et la matière taxable, les contribuables, se transforme. Dans un monde cloisonné par les frontières, il n'y avait pas d'exutoire pour le contribuable. Il fallait payer ses impôts au taux que le gouvernement jugeait être le bon. La seule mesure de rétorsion que pouvait prendre un investisseur était justement de se retenir d'investir, si la retenue fiscale et les risques cumulés étaient trop importants. Il s'était donc établi une sorte d'équilibre de la terreur, à haut niveau d'imposition pour les contribuables aux revenus les plus élevés.

Revanche du capital

Mais voilà que tout change dans les années 1980. Au niveau idéologique, la révolution libérale gagne du terrain avec la victoire de Margaret Thatcher, en mai 1979, et celle de Ronald Reagan, l'année suivante. L'une et l'autre baissent les impôts de façon spectaculaire, avec la caution intellectuelle de Milton Friedman et ses disciples. Pour ces économistes, la baisse des impôts est à la fois un sujet de croisade et un levier de croissance. Les contribuables les plus mobiles exercent alors une sorte de chantage au départ : si vous taxez trop, mon argent et moi irons sous d'autres cieux plus cléments, disent-ils à leur gouvernement. Dans un monde sans frontières, les États sont en rivalité pour retenir ces contribuables dont ils ont besoin, en diminuant les prélèvements qui leur sont facturés. La liberté de mouvement des capitaux, la mondialisation de l'argent, a créé la concurrence fiscale entre les États et donc réduit leurs marges de manœuvre. Concurrence encore aiguisée par l'internationalisation des affaires et le développement des réseaux de communication : on sait désormais ce qui se passe ailleurs, et l'on peut s'y installer.

Les catégories qui profitent le plus de ce renversement du rapport de force sont les plus mobiles. Il s'agit d'individus, souvent les mieux rémunérés, les plus diplômés, ceux qui possèdent une expertise reconnue sur le plan international, et de grandes entreprises, elles aussi libres de se déplacer dans leurs décisions d'investissement. Le « marqueur » qui illustre le mieux cette évolution est le taux marginal de l'impôt sur le revenu aux États-Unis, le taux qui frappe les revenus les plus élevés. Dans le monde cloisonné de l'après-guerre, les Américains les plus fortunés acquittent un impôt de 90 % sur la fraction supérieure de leurs revenus. Ce taux baisse à 70 %, et Ronald Reagan le fera descendre jusqu'à 28 %. Il connaîtra ensuite de petites oscillations, à la faveur du mandat de Bill Clinton et de ses successeurs, mais restera inférieur à 40 %, y compris avec la réformette de Barack Obama, c'est-à-dire environ deux fois inférieur à ce qu'il était dans les années 1960 et 1970.

La croissance était-elle pour autant moindre à l'époque, avec ces taux confiscatoires ? Pas du tout. Elle était en moyenne bien supérieure à celle des années 1980. À la vérité, bien d'autres déterminants jouent dans la croissance que le taux marginal de l'imposition sur les revenus, qui expliquent cette différence. Le fait est peu souligné, malgré son caractère incontestable : durant les Trente Glorieuses, le haut niveau des impôts pour les catégories les plus favorisées n'a pas empêché nos pays de croître à grande vitesse.

Le mouvement est identique pour les grandes entreprises. Aux États-Unis, le taux d'impôt sur les bénéfices passe de 50 à 35 % lors de la révolution fiscale reaganienne. Et encore ce dernier chiffre ne rend-il compte du prélèvement des entreprises que de façon très incomplète, car il ignore les innombrables niches fiscales et opportunités légales qui permettent aux grandes entreprises d'échapper quasiment au prélèvement. La dématérialisation, la déréglementation financière, l'essor des paradis fiscaux, tout concourt à aider les multinationales pour alléger leur facture fiscale. Le cas du constructeur informatique Apple est saisissant. Selon un rapport du Sénat des États-Unis publié en mai 2013, l'entreprise, en domiciliant ses profits en Irlande, n'a payé en impôts qu'une fraction de ses bénéfices, inférieure à 2 %, de 2009 à 2012. Apple possède par ailleurs une trésorerie de plus de cent milliards de dollars, dont une part substantielle est établie dans des paradis fiscaux, selon le rapport sénatorial.

En France, la dernière étude qui ait été faite émane du Conseil des prélèvements obligatoires, en 2009. Elle établissait que le taux de prélèvement sur les bénéfices varie de façon inverse à la taille de l'entreprise. Les grandes firmes ne payent, sur les profits de l'activité réalisée en France, que 9 %, alors que les petites entreprises acquittent, elles, une contribution de plus de 30 %. Les charges sociales sur le travail faiblement qualifié acquittées par l'entreprise ont elles aussi baissé fortement, on l'a vu au chapitre précédent. Là encore, il s'est agi de baisser les prélèvements sur ce qui est délocalisable, le travail. Rien de plus facile que de transférer la production au sein du marché unique européen par exemple, pour la développer en Roumanie ou en Slovénie, où les coûts du travail sont plus faibles.

La libéralisation des mouvements de capitaux a donc affaibli les États face aux contribuables et restreint le champ de la politique économique. Elle a renforcé l'interdépendance des États, les mettant à la merci du moins-disant fiscal. Comme l'Irlande, au sein de la zone euro. Avec un taux de 12,5 % sur les bénéfices, le Tigre celtique a siphonné une bonne partie des investissements américains en Europe, en particulier ceux des biens dont le commerce ou la diffusion se fait par internet (Google, Amazon, Apple y ont installé leurs sièges sociaux). Et encore ce taux de 12,5 % est-il un maximum, qui fait l'objet de réductions négociées au cas par cas…

Le paradoxe, c'est que dans le même temps, les États ont *augmenté* les dépenses publiques et les prélèvements obligatoires. Au sein de l'Organisation de coopération et de développement économiques (OCDE), les impôts comptaient en moyenne pour 25 % du pib en 1965, contre presque 35 % quarante ans plus tard, à la veille de la crise, en 2008. Les États ont donc augmenté les impôts sur les facteurs non mobiles, ceux qui n'ont pas la main dans le face-à-face avec la puissance régalienne : l'immobilier, la consommation, les petites entreprises à l'activité purement nationale. En restreignant le champ de la politique fiscale, la liberté des capitaux a augmenté les inégalités entre les contribuables et transformé les systèmes fiscaux occidentaux en « Robin des bois à l'envers », qui prélèvent sur les pauvres et non pas sur les riches… Les contribuables les plus aisés, qu'il s'agisse d'entreprises ou d'individus, ont été les grands gagnants de la période. Tout le fonctionnement de nos États providence a été malmené par ce nouveau rapport de force.

Banques centrales ou agents doubles ?

Les dirigeants politiques, souvent intempérants sur la dépense et la création de postes de fonctionnaires – y compris aux États-Unis – et faute de pouvoir taxer davantage, ont alors profité des libertés nouvelles pour trouver de l'argent. En s'endettant. Là encore, la mondialisation et l'essor du libéralisme ont fait voler en éclats les limites qui prévalaient avant les années 1980. La déréglementation et la levée du contrôle des changes ont peu à peu créé un gigantesque marché mondial de l'argent, pour confronter l'offre – l'épargne, l'argent des investisseurs – et la demande de ceux qui souhaitent emprunter, États, banques, entreprises ou consommateurs. L'ajustement entre l'offre et la demande, naguère réglé par les administrations nationales qui définissaient des enveloppes de crédit, s'est trouvé effectué par le prix, c'est-à-dire le taux d'intérêt. Qu'un emprunteur dépasse les bornes, prenant des risques inconsidérés, et les prix devaient monter pour rémunérer le risque plus important pris par celui qui prêtait aux imprudents.

La banalisation de l'endettement a donc offert aux États la possibilité de dépenser plus qu'ils ne levaient par l'impôt. Ils s'y sont précipités, et d'autant plus volontiers que la fin des années 1980 a connu une conjoncture économique assez clémente. Encore a-t-il fallu convaincre les marchés internationaux naissants – les épargnants et surtout les gros investisseurs qui les représentent, les banques et tous les « grossistes » de la finance – que la politique conduite était sérieuse, et qu'ils n'allaient pas être lésés par les artifices habituels que déploient les États depuis des siècles pour ne pas rembourser leurs créances. L'inflation, par exemple. En créant de la monnaie à un rythme trop élevé, les États ont fait parfois augmenter les prix pour payer leurs dettes en monnaie de singe.

La libéralisation des capitaux provoque un changement de politique majeur : on déclare la guerre mondiale contre l'inflation pour complaire à l'épargnant. C'est un géant de deux mètres aux épaisses lunettes qui va la déclencher : en 1979, Paul Volcker prend la tête de la banque centrale américaine, la Federal Reserve. Il entreprend une véritable *Blitzkrieg* contre la hausse des prix, en relevant massivement les taux d'intérêt du dollar – il réduit ainsi la croissance de la masse monétaire, ce qui ralentit la hausse des prix. Le monde entier ou presque va l'imiter, au fil des ans. Et les États, pour témoigner de leur bonne foi dans le renoncement aux paradis artificiels de l'inflation, confèrent à leurs banques centrales l'indépendance du pouvoir politique. Les politiques renoncent à la tentation de financer leurs dépenses en manipulant la monnaie. Tels des alcooliques repentis, ils confient la clé de la cave au curé du coin.

Toute l'Europe continentale donne son autonomie aux banques centrales nationales, après la ratification du traité de Maastricht sur l'union monétaire. La phobie allemande de l'inflation avait déjà conduit la République fédérale à donner un statut particulier à la Bundesbank, l'institut d'émission, bien avant Maastricht. Et la mode ne frappe pas seulement l'Europe. Le Fonds monétaire international, lorsqu'il prête de l'argent aux pays émergents, ajoute l'indépendance de la banque centrale à la liste des réformes qu'il exige comme contreparties. Une nouvelle caste de dirigeants apparaît, habillée à Londres, parlant l'idiome de la mondialisation, qui voyage luxueusement dans les réunions internationales et les colloques, appelant par leur prénom les chefs de gouvernement du monde entier : les banquiers centraux.

Un quart de siècle plus tard, on peut se demander pourquoi les États ont ainsi abandonné une partie importante de leur souveraineté pour la confier à des technocrates inamovibles, au moins en Europe. Les « recommandations » de politique économique faites en mai 2013 par Christian Noyer, le gouverneur de la Banque de France, sont par exemple édifiantes. Réforme des retraites, du marché du travail, diminution des dépenses publiques : quelle légitimité un fonctionnaire a-t-il pour émettre de telles injonctions, alors que l'organisme qui l'emploie est devenu une filiale de la Banque centrale européenne et que son mandat se limite à la gestion de la monnaie ? Ajoutons que l'organisme duquel émanent ces sermons bénéficie d'un statut du personnel ultra-protégé, de départs à la retraite confortables et plus précoces que dans le privé, et ne parvient qu'à grand-peine à diminuer en France le nombre de caisses et succursales devenues parfaitement inutiles depuis la création de la Banque centrale européenne… Côté réformes, on peut mieux faire.

Lorsqu'on a émancipé les instituts d'émission, l'objectif initial était d'abaisser les coûts de financement de la puissance publique, sur le modèle de la situation allemande. Dès lors que les investisseurs ont confiance, ils viennent nombreux, ce qui fait chuter le prix de l'argent, et le déficit public coûte donc moins cher que dans un climat de suspicion qui se traduit par une hausse des taux d'intérêt. Rendre les banques centrales indépendantes, c'était une ruse de la puissance publique pour attirer plus facilement le capital destiné à la financer. Si les investisseurs étaient plus nombreux, c'est parce qu'ils sont venus peu à peu du monde entier. Les années 1990 ont vu l'internationalisation du financement des États, grâce au nouvel ordre libéral et à la diffusion sur la planète entière des mêmes règles de gestion. La caisse de retraite des Veuves écossaises, les fonds de pension de Californie, venaient donc acheter de la dette française ou italienne pour placer leur argent. Ils le faisaient avec la conviction que leurs économies étaient aussi sûres que si elles avaient été investies dans leur propre pays. Dès lors, la part de la dette française détenue à l'étranger – principalement en Europe – a régulièrement grimpé, pour représenter jusqu'aux deux tiers du stock négocié. Et l'on a observé des mouvements analogues dans les autres pays européens.

Les taux d'intérêt ont effectivement baissé. Était-ce grâce à ce démembrement de la puissance publique, ou bien à cause du climat exceptionnellement paisible qui prévalait sur les marchés financiers, après la chute des régimes communistes ? Quand un navire traverse l'océan par beau temps, sa construction n'est pas mise à l'épreuve. Insensiblement, les banques centrales changent de nature et de mission. Réglant le trafic de la mondialisation financière, pour qui travaillent-elles véritablement ? Pour la collectivité qui les a missionnées, ou bien pour ceux qui prêtent leur argent à l'État ? De façon subreptice, les banquiers centraux deviennent des agents doubles, tout autant mandatés par les investisseurs pour faire entendre raison à la puissance publique sur la politique économique à conduire, que par l'État lui-même. D'où les harangues de Christian Noyer et de ses homologues – encore une fois, il faut souligner qu'il s'agit surtout des banques d'Europe continentale. La Banque d'Angleterre, rendue indépendante par le Premier ministre Tony Blair, se cantonne davantage à son rôle, tout comme la Federal Reserve américaine.

Les banques centrales, élargies pour faire baisser le coût de l'emprunt public, sont passées au service des détenteurs de capital et protègent désormais leurs rentes. La dette publique est devenue une sorte de parking pour l'épargne, avec une rémunération garantie par la disparition de la forte inflation. Le gardien du parking, qui fait régulièrement sa ronde avec les chiens, c'est le banquier central. Les propriétaires du capital ont réédité le bon vieux coup qu'avait réussi la bourgeoisie lorsqu'elle a émergé, à la faveur de la naissance du capitalisme en Europe : prêter à l'aristocratie désargentée et intempérante – à l'époque moderne, c'est à la démocratie et son État providence, tout aussi désargenté et intempérant dans ses dépenses – pour s'enrichir grâce aux intérêts. La technique n'a pas changé, seuls les usuriers ont été remplacés par le cartel bancaire et les banques centrales « indépendantes ».

On a eu la démonstration éclatante de cette collusion lors de la crise de la dette européenne. Lors des différents sommets « de la dernière chance », l'obsession des banquiers centraux n'était pas de régler la crise de l'euro, mais de ne pas faire défaut sur la dette. Tout le sauvetage de l'euro a été construit autour d'une seule idée : rembourser les échéances dues, fût-ce au prix de récessions extravagantes en Europe du Sud. Ce n'est que sous la contrainte de plus en plus forte de la réalité et du bon sens – les dettes insurmontables ne sont jamais réglées – qu'on a allégé la charge de la Grèce et celle de l'Irlande. Et, quoi qu'en pensent les banquiers centraux, il faudra bien restructurer les dettes publiques européennes, ou les faire fondre avec de l'inflation. C'est-à-dire, dans un cas comme dans l'autre, ne pas les payer intégralement.

Le trilemme de Rodrik

L'internationalisation financière a donc rétréci la sphère d'intervention du pouvoir politique. Pouvoir pris dans le champ de contraintes de la mondialisation, exposé à la volatilité des courants commerciaux, soumis à la concurrence fiscale de ses voisins, et qui a vu de surcroît le rapport de force avec les prêteurs tourner en sa défaveur ! « L'horizon du consommateur se dilate, celui de l'électeur se recroqueville [...]. L'économie se globalise, la politique se provincialise », note Régis Debray[3]. Il aurait pu ajouter à l'horizon du consommateur celui de l'épargnant.

Toutes ces transformations ont été entreprises avec l'objectif de stimuler la croissance, de créer davantage d'emplois et de richesses dans nos pays. Libéraliser, c'était rompre avec la sclérose qui avait étouffé les économies développées à la fin des années 1970, sous l'effet de réglementations excessives et paralysantes. Noble ambition. À la vérité, la grande transformation libérale a été peu à peu détournée au profit d'une élite, plutôt qu'à l'ensemble des sociétés développées. Celle qui a su justement profiter du rapport de force inversé avec la puissance régalienne. Elle a simultanément obtenu des opportunités d'enrichissement bien plus nombreuses et rémunératrices qu'auparavant, tant sur le plan professionnel que sur celui de l'investissement, et des impôts moins lourds. À l'inverse, comme le note l'économiste Jeffrey Sachs, les pauvres ont été deux fois victimes, d'abord à cause de la violence des forces du marché mondial, et ensuite à cause de la capacité des riches à éviter l'impôt en transférant leurs avoirs dans des pays où la fiscalité est légère, voire nulle[4]. Élite qui oriente, voire détermine, les choix faits par les gouvernements, parce qu'elle les pilote à son profit. Le découplage des intérêts du business et des nations est peut-être inévitable, mais le découplage des politiques économiques conduites et des intérêts des travailleurs ne l'est pas, estime quant à lui Larry Summers[5].

Pourtant, au-delà d'un certain degré d'internationalisation des économies que nous avons certainement dépassé tout comme il l'avait été en 1914, mondialisation et démocratie ne sont-elles pas devenues incompatibles, en faisant diverger si fortement les destins et les intérêts des classes sociales ? L'interrogation aurait semblé incongrue lorsque le mur de Berlin est tombé, et que libéralismes économique et politique semblaient aller de pair. Entre 1975 et 2002, le nombre de pays démocratiques a quadruplé, alors que dans le même temps, la part du commerce dans le pib mondial passait de 7,7 % à 19,5 %… Aujourd'hui, il faut se rendre à l'évidence : les forces puissantes qui ont affaibli les frontières ont également corrodé nos systèmes de décision politique et la confiance que les citoyens avaient en eux. Dani Rodrik l'explique par un antagonisme : « L'hypermondialisation […] entre en conflit avec la démocratie pour la simple raison qu'elle a pour objectif, non pas d'améliorer le fonctionnement de la démocratie elle-même, mais de permettre un accès au marché à moindre coût pour les seuls intérêts commerciaux et financiers[6]. » Dès 1997, juste avant la crise asiatique, ce spécialiste de Harvard avait publié un petit livre étrange et prémonitoire, *La mondialisation est-elle allée trop loin*[7] *?*

Rodrik explique aujourd'hui que nous vivons sous l'empire d'un « trilemme », une sorte de dilemme à trois éléments. Il n'est pas possible d'avoir simultanément la démocratie, l'indépendance nationale et la mondialisation économique. Si la mondialisation est très avancée, il faut donc renoncer soit à l'État-nation, soit à la démocratie. Solution peu engageante, qui s'est illustrée à plusieurs reprises dans l'histoire. En Amérique du Sud par exemple, avec l'expérience catastrophique de l'Argentine dans les années 1990, qui avait établi un lien monétaire fixe entre le peso et le dollar américain, asphyxiant peu à peu l'économie et conduisant à la remise en cause de tous les contrats que la démocratie avait patiemment élaborés, le contrat de travail, le droit à la retraite, la garantie des dépôts bancaires… pour le seul objectif de satisfaire les créanciers étrangers qui finançaient l'État. Une telle situation est politiquement insupportable, sinon dans une dictature – toujours le trilemme de Rodrik. L'Argentine a fini du reste par renoncer à cette politique stupide. Mais non sans mal. Roberto Lavagna, le ministre des Finances du pays entre 2002 et 2005, qui a piloté le démantèlement du régime de change, explique aujourd'hui que le plus difficile a été de sortir de l'« état de déni des problèmes[8] ».

Cette incompatibilité se manifeste aussi en Europe, quasi quotidiennement. Ainsi les foucades de François Hollande, en mai 2013, contre la Commission européenne, qui publiait ses recommandations à la France, ne sont-elles destinées qu'à dissimuler la perte de l'indépendance française en matière de politique budgétaire et économique. Le président socialiste est du reste conduit à faire exactement les mêmes choix que Nicolas Sarkozy : signature du traité européen, coupes budgétaires, augmentation d'impôts, TVA sociale et baisse du coût du travail. S'il chausse ainsi les bottes de son prédécesseur, c'est tout simplement parce qu'il n'y a pas d'autre politique possible dans le cadre d'une union monétaire ouverte sur le monde en matière commerciale. La gauche et la droite n'ont plus guère de sens pour définir une orientation en union monétaire. La véritable « autre politique », c'est la sortie de l'euro. Il n'est pas dit que la France n'y viendra pas.

Le taux de change est une sorte d'airbag qui protège des accidents de la mondialisation. Qu'un problème de compétitivité survienne avec l'irruption d'un nouveau concurrent étranger moins cher ou plus efficace, l'airbag se déploie : le change se déprécie, corrigeant le coût du travail sans toucher au salaire apparent. Qu'au contraire les investisseurs internationaux arrivent tous en même temps, risquant de provoquer une surchauffe, et le taux de change monte pour calmer la fièvre. Avec l'euro, l'Europe a renoncé à ses airbags. Tout accident se traduit donc par de la tôle froissée et des blessures pour les passagers – des modifications dans l'économie réelle, sous la forme de croissance moindre et d'emploi raréfié, la croissance zéro en France et le nombre de chômeurs record en témoignent. La disparition de ces amortisseurs pèse aussi sur la vie démocratique du continent, avec la montée en puissance de l'extrême droite et de l'extrême gauche dans la plupart des pays européens. Une preuve de plus que l'intuition de Rodrik est juste : il y a bien contradiction entre la mondialisation et la démocratie.

Étalon-or et queue du chien

C'est pour cela que l'État-nation n'est jamais mort. Lorsqu'il est trop affaibli, il se venge en reprenant ses prérogatives au détriment de la liberté des marchandises, des personnes et des capitaux. La dernière fois qu'une telle bataille a eu lieu en Europe, c'était dans les années 1930. Après la Première Guerre mondiale, bon nombre de pays ont rétabli l'étalon-or, qui prévalait avant 1914. Ce système monétaire assurait la convertibilité intégrale et permanente en métal jaune des devises des pays participants, à cours fixe. La quantité de monnaie était donc étroitement dépendante du stock d'or que conservait chaque pays, stock qui lui-même variait selon la compétitivité. Qu'un pays soit en déficit extérieur – c'est-à-dire achetant plus qu'il ne vendait à l'étranger – et il voyait ses réserves d'or fondre, et avec elles la quantité de monnaie disponible pour faire fonctionner l'économie. Il s'ensuivait une contraction de l'économie, des prix et des salaires, qui rétablissait la compétitivité, stimulait les ventes à l'étranger et faisait donc revenir l'or dans les caves de la banque centrale. Le taux de change ne pouvant varier, c'est l'économie réelle, la croissance, les emplois et les salaires qui connaissaient une très forte volatilité. Exactement comme si l'on empêchait la queue d'un chien de bouger, pour laisser le corps de l'animal subir les mouvements de gauche à droite. Il n'était pas rare que les salaires et les prix connaissent des variations de 30 à 40 % sur trois ou cinq ans. Aux États-Unis par exemple, les salaires perdent 30 % en deux ans alors que le pays réintègre l'étalon-or après la guerre de Sécession.

Ce système cruel était supporté parce que l'économie était faite de petites entreprises, non organisées entre elles, et que le travail lui-même ne pouvait peser dans le jeu : les travailleurs étaient des individus isolés. Les syndicats n'étaient pas toujours autorisés, et lorsqu'ils l'étaient, ils voyaient leur action sévèrement restreinte. L'étalon-or offrait donc un moyen de corriger très rapidement les déséquilibres macroéconomiques de compétitivité, sans coût politique particulier puisque dans nombre de pays, le droit de vote n'était pas universel.

À l'inverse, il s'agissait d'une sorte d'autoroute pour la mondialisation. D'abord parce qu'il garantissait la sécurité absolue pour les transactions financières internationales : il n'y avait aucun risque de perte de change, ce qui offrait l'équivalent d'une monnaie unique mondiale. Tous les ajustements étaient reportés sur les masses laborieuses, qui devaient s'adapter. Ensuite parce que, lorsqu'un pays rejoignait le bloc-or, il adoptait *de facto* une politique favorable aux investisseurs, en s'engageant à faire baisser les salaires quand c'était nécessaire et en s'interdisant l'inflation. Un pays participant au club était donc contraint de suivre la « bonne » politique économique. Il s'en voyait récompensé par l'arrivée des capitaux planétaires, rassurés quant à la protection dont ils savaient bénéficier grâce au « corset d'or » qui limitait les politiques possibles. L'étalon-or jouait un peu le même rôle que l'indépendance de la banque centrale de nos jours : aux yeux des financiers, il s'agissait d'un signal indiquant qu'on se trouvait dans un environnement respectueux de leurs prérogatives. Et que l'insécurité n'était pas pour eux, mais pour les travailleurs.

Tout cela a volé en éclats dès 1914, la convertibilité des monnaies en or étant de fait suspendue, à cause des dépenses très élevées causées par la guerre. Après l'armistice, la petite élite européenne travaille à rétablir le mécanisme. Le retour à la convertibilité-or était une tentative pour revenir au monde libéral d'avant 1914, associé à la Belle Époque, à la croissance et à l'optimisme qui prévalaient alors. La plupart des pays européens et les États-Unis reconstituent donc un bloc-or. La France l'intégrera en juin 1928, avec un franc dévalué des 4/5e par rapport à sa valeur en or d'avant 1914, le franc Poincaré – le fameux « franc à quatre sous », c'est-à-dire à vingt centimes du franc d'avant la guerre.

La crise des années 1930 met à l'épreuve cette construction. C'est la livre sterling qui dévaluera la première, en septembre 1931 – elle avait été aussi l'une des premières à retrouver la parité-or, le chancelier de l'Échiquier, un certain Winston Churchill, ayant cédé à la forte pression de la City et de ses financiers qui y voyaient le moyen de rétablir leurs activités lucratives. Les États-Unis quittent eux le bloc après la prise de fonction de Roosevelt, en 1933, et dévaluent fortement le dollar. Peu à peu, tous les pays prennent congé de ce système trop rigide, qui exalte les chocs financiers et propage leurs effets délétères dans tout le réseau financier de la planète. La France ne se résigne que tardivement, après une expérience catastrophique de dévaluation interne, conduite par le gouvernement Laval en 1935, avec baisse autoritaire des traitements et des salaires. C'est Léon Blum, président du Conseil, qui prendra l'initiative de libérer le pays de ce carcan, à l'automne 1936.

Si la renaissance du bloc-or n'a pas duré, c'est bien sûr à cause de la violence de la crise de l'entre-deux-guerres. Mais c'est aussi parce que les sociétés avaient changé. À la faveur de la guerre, l'ordre ancien avait été bouleversé, et la tolérance des masses à l'instabilité sociale provoquée par les changes fixes s'était affaiblie. Pour l'historien hongrois Karl Polanyi, c'est la diffusion du suffrage universel et l'essor des vies politiques nationales qui expliquent la révolte contre la « tyrannie des marchés », et l'impossibilité qu'il y a eu à remettre sur pied l'étalon-or. Les sociétés n'étaient tout simplement plus prêtes à subir toute l'insécurité pour garantir une tranquillité maximale aux détenteurs de capitaux. L'économie s'était transformée, avec l'apparition de grandes firmes, comme Ford dans la construction automobile, qui constituaient autant de freins à la flexibilité forte du système d'avant. Les travailleurs s'étaient organisés, mettant en marche des syndicats qui étaient désormais des interlocuteurs pour la négociation des salaires. Le « fordisme » était né, et avec lui les rigidités salariales – la sécurité pour les travailleurs – qui ne pouvaient plus s'accommoder des montagnes russes du système précédent. Barry Eichengreen, spécialiste du système monétaire mondial, partage cette analyse[9]. Tout comme un autre historien, lui aussi de Harvard, Jeffry Frieden : « Fondamentalement, la férocité de la dépression était le résultat du conflit entre les intérêts et les idées qui avaient dominé avant 1914, et les évolutions économiques et sociales qui avait changé le monde depuis[10]. »

C'est la morale de l'histoire : la mondialisation ne progresse jamais que lorsque le rapport de force s'infléchit en faveur des possédants, en particulier les détenteurs de capital, au détriment des classes populaires et moyennes. C'est pour cela qu'elle s'interrompt de temps à autre, lorsque le rapport de force s'inverse, parfois de façon brutale, avec une révolution ou une guerre. Parfois de façon pacifique et progressive, sous l'effet d'un rééquilibrage nécessaire. Comme si les avantages excessifs pour l'élite mondialisée déclenchaient immanquablement le mouvement inverse, c'est-à-dire le rétablissement des changes, des protections douanières, des règles et des impôts – l'augmentation des coûts de transaction – destinés à améliorer la sécurité des petites gens.

Cette leçon mériterait d'être méditée en Europe. Car l'union monétaire actuelle de la zone euro est la réplique de l'étalon-or expérimenté dans l'entre-deux-guerres, favorable à la circulation des capitaux et des marchandises, mais avec quel bénéfice pour les peuples ? La rigidité des taux de change provoque comme à l'époque de fortes divergences dans les économies réelles. La déflation ne produit pas autre chose que la dépression, car les salaires ne baissent pas, sinon pour les nouveaux entrants sur le marché du travail ou au travers d'accords de flexibilité limités. Les fragilités bancaires de tel pays se répercutent sur les établissements des autres membres de la communauté. Il y a bien sûr l'État providence, qui s'est développé entre-temps et joue en partie le rôle d'amortisseur qui n'est plus assumé par les taux de change intérieurs. Et jusqu'ici, le système tient, malgré les grèves et les manifestations sporadiques qu'on observe en Europe du Sud. Mais nul doute qu'il ne soit mis à bas un jour, s'il ne parvient pas à produire ce que l'on attend de lui, à savoir de la croissance et des emplois.

Il y a plusieurs façons de sortir du trilemme de Rodrik pour apaiser les conflits entre la mondialisation et la démocratie. La première est une sortie par le bas : limiter la démocratie, avec pour objectif intangible de diminuer les coûts de transaction. L'expérience libérale du Chili, menée par le général Augusto Pinochet dans les années 1970 avec le conseil des théoriciens américains, ressemble à cela : une dictature « libérale », où les dirigeants ont appliqué les préceptes de Milton Friedman sur l'ouverture de l'économie. La deuxième est une sortie par le haut. Il s'agirait de créer un gouvernement mondial, qui tempère la concurrence entre les États, réglemente les activités transfrontières, en particulier la finance, et redistribue la richesse créée de façon à limiter les inégalités. Cette perspective n'a guère de sens qu'au niveau européen. Et encore faut-il faire un très gros effort d'imagination. Quant au niveau mondial, elle est tout bonnement irréaliste.

Reste la troisième solution, généralement pratiquée parce qu'elle est la plus rationnelle, c'est la limitation de la mondialisation. On ne change pas la mondialisation, on ne peut guère que lui fermer la porte.

CHAPITRE 4

La crise permanente

La plus grave crise financière de la fin du XXe siècle commence dans la moiteur de la capitale thaïlandaise, la nuit du 1er juillet 1997. Malmené par une violente spéculation depuis plusieurs semaines, le gouvernement de Bangkok abandonne le régime de change fixe qui liait sa monnaie au dollar depuis quatorze ans. Il laisse le baht flotter. Ou plutôt couler, emporté par des ventes massives sur les marchés financiers[1]. Ce jour-là, après une décennie de croissance éblouissante tirée par le crédit, le « dragon asiatique » s'immobilise. La disparition du change fixe, c'est en effet la fermeture du robinet à dollars qui avait permis l'essor du pays. Grâce aux capitaux internationaux, les Thaïlandais avaient pu s'endetter à taux faible, pour investir, faire flamber l'immobilier et flamber tout court. Alors que le revenu par tête n'était que de 3 000 dollars en moyenne, le pays se classait au huitième rang mondial pour les ventes de Mercedes ! Au matin du 2 juillet, les habitants se réveillent avec une dette dont la valeur a bondi dans la nuit, à cause de la dévaluation.

Voilà déjà plusieurs mois que l'économie s'essoufflait. Hausse continue des salaires et monnaie trop forte asphyxiaient les exportateurs. Le « peg », ce lien entre le baht et le dollar, destiné à rassurer les investisseurs pour qu'ils déversent un flot d'argent sur le pays, s'était transformé en mécanique mortifère. Le taux de change était fixe entre les deux pays – c'est en réalité la banque centrale de Thaïlande qui stabilisait le cours en achetant la quantité de devises nécessaires – mais l'inflation n'était pas la même de part et d'autre du Pacifique. Insensiblement, la compétitivité du pays s'est donc érodée. La Thaïlande expérimente l'effet « queue du chien » : si le change ne bouge pas, c'est l'économie réelle qui pâtit et la croissance ralentit.

Neuf jours après la Thaïlande, le 11 juillet, ce sont les Philippines qui sont contraintes de lâcher leur monnaie, elle aussi liée au dollar. Le peso perd 12 % en quelques heures, la Bourse s'effondre. Instantanément, les innombrables chantiers de Manille, la capitale, s'interrompent. Les magasins se vident, comme si tout l'argent du pays s'était évaporé. Le 14 du même mois, le ringgit de Malaisie flanche et quitte son attelle avec le billet vert. La Malaisie souffre des mêmes maux que la Thaïlande. Après dix ans de croissance forcenée, la dette privée dépasse 170 % du pib, et le solde extérieur est complètement déséquilibré. Le 14 août, c'est la roupie indonésienne qui dévisse. Elle perdra jusqu'à 80 % de sa valeur, au plus fort de la tempête. Le 25, le won coréen et le dollar de Singapour sont attaqués. À la mi-septembre, c'est le dollar de Hong Kong qui subit la pression de la spéculation, alors que toute la communauté financière mondiale est réunie pour une assemblée du FMI sur le petit territoire, rétrocédé à la Chine par le Royaume-Uni quelques semaines auparavant. L'effondrement des devises asiatiques s'accélère, car toutes les entreprises, tous les particuliers qui se sont endettés en dollars se ruent sur le billet vert, dans la crainte d'une nouvelle dévaluation de leur monnaie… qu'ils provoquent par leur comportement moutonnier. Les investisseurs étrangers vendent également de façon massive, pour limiter leurs pertes.

Très rapidement, le Fonds monétaire international est missionné au chevet des pays attaqués. Il prescrit sa médecine habituelle : une cure d'austérité violente, pour rétablir les comptes budgétaires et surtout les soldes extérieurs, en contrepartie de prêts substantiels qui permettront de passer le cap critique. Une image fait le tour du monde : Michel Camdessus, le directeur général du Fonds monétaire, bras croisés, surveillant le président indonésien Suharto en train de signer le protocole d'accord qui lie Djakarta avec le FMI pour un sévère programme de redressement. L'image semble saisir le rapport de force : elle symbolise l'humiliation des dragons. Ces nouveaux pays industrialisés vont connaître une année de crise violente, avec des récessions de plusieurs points de pib et une montée du chômage tout à fait inhabituelle pour eux.

Pour le Fonds et les experts américains du Trésor – c'est l'administration Clinton qui est alors en poste –, la crise a un responsable et un seul, le « cronyisme ». C'est-à-dire le népotisme et la corruption. Ces pays ne connaissent pas vraiment l'État de droit, leur système de gouvernance politique est mal dégrossi. L'économie de marché qu'ils pratiquent est dénaturée par la corruption généralisée : les proches du pouvoir se trouvent être les principaux capitaines d'industrie et propriétaires immobiliers, ce sont eux qui ont bénéficié des prêts bancaires douteux. S'il y a eu crise, c'est parce que la libre allocation des ressources financières, produit de la « main invisible », a été perturbée par le favoritisme. Ce n'est donc pas le marché qui est en cause, mais sa perversion, effectuée par des élites vermoulues dans des pays sous-développés qui ont grandi trop vite. Voilà la lecture américaine de la crise, qui inspire largement celle du Fonds monétaire international.

Avec un peu plus d'attention, les économistes et les banquiers auraient pu observer que la maladie asiatique ressemblait de très près à celle qui avait frappé le Mexique en 1994-1995, ou à celle qui avait fait chuter la Suède, au tout début des années 1990. Ou encore à l'effondrement du système monétaire européen, en 1993 : en clair, ces crises témoignaient de quelque chose de propre aux marchés financiers, et non pas d'erreurs commises par les gouvernements asiatiques. Le retrait brutal de la marée de capitaux internationaux provoque exactement ce que les investisseurs redoutent, l'effondrement des pays concernés, par un mouvement de panique auto-réalisatrice bien classique dans l'histoire des crises financières. Dès les premiers craquements – la baisse de la Bourse ou la montée des taux d'intérêt, qui signalent les premiers départs d'investisseurs –, tous ceux qui ont de l'argent en Thaïlande ont intérêt à vendre au plus vite, de façon à ne pas y laisser de plumes. S'ils tardent, la valeur de leurs actifs risque fort de se trouver considérablement amoindrie.

La crise asiatique, tout comme celle du Mexique qui l'a précédée ou celle de la Russie qui l'a suivie, n'était pas autre chose que le dégonflement d'une gigantesque bulle spéculative, créée par l'appétit de rendement de capitaux dont les mouvements avaient été libéralisés intégralement peu avant. Sur la seule année 1996, 245 milliards de dollars s'étaient envolés vers les marchés émergents, dont cent milliards vers l'Asie du Sud-Est. Et cette même année, les flux internationaux privés ont pesé plus 20 % des investissements dans les pays émergents ! L'envolée des flux financiers a été favorisée par de puissantes forces, notait le FMI en 1999[2] : libéralisation, croissance du commerce multilatéral, technologies de l'information.

Capricieux et moutonniers, ces capitaux sont mus non pas par les données fondamentales des économies qu'ils envahissent, mais par des effets de mode plus ou moins durables. Pousse-au-crime lorsqu'ils se précipitent d'un seul mouvement sur un pays, ils provoquent de terribles récessions lorsqu'ils se retirent. En 1997 et 1998, cent milliards de dollars quittent l'Asie – près de 10 % du pib de la zone. C'est dire la violence de ces marées financières.

Leur puissance a en réalité été décuplée par les prescriptions du Fonds monétaire, qui recommande à l'époque d'ouvrir le compte de capital, c'est-à-dire de laisser entrer et sortir les capitaux sans contrainte, ni obligation de déclaration ni taxation. Les experts estiment alors qu'il s'agit là de la meilleure option pour entretenir la croissance : si l'investisseur est libre de partir quand il le souhaite, il viendra plus volontiers pour financer le développement. La libéralisation des marchés permet, selon le Fonds et le « consensus de Washington » qui regroupe la plupart des économistes d'influence, une croissance plus rapide et l'atténuation des cycles conjoncturels. Elle a bien sûr des inconvénients, mais qui peuvent être compensés par le renforcement de la surveillance du système bancaire local, de façon à éviter les prises de risques excessifs. Les rares pays qui s'accrochent au contrôle des capitaux, voire au contrôle des changes, font l'objet d'un opprobre généralisé dans les cercles académiques : la Chine bien sûr, mais aussi le Chili, qui n'a jamais démantelé un système de taxation des investissements à l'entrée du pays. Ce sont les derniers villages gaulois, dit-on alors, arriérés dans leur gestion précautionneuse de la mondialisation... Le contrôle des capitaux est une « idée dont le temps est passé », assène Rudiger Dornbusch, un économiste du MIT très en vogue à l'époque.

L'Asie se remet vite de l'à-coup de 1997-1998, malgré le régime d'austérité que met en place le Fonds monétaire, qui déchaînera les cris habituels de l'économiste Joseph Stiglitz, qui est le « Pierre et le loup » de l'économie mondiale. Mais elle transformera profondément son modèle de développement, accumulant de gigantesques réserves de change pour atténuer sa dépendance vis-à-vis du capital étranger. « Chat échaudé craint l'eau froide » devient la maxime principale dans la conduite des affaires monétaires et financières du monde émergent.

Quelques années plus tard, un phénomène quasi identique se reproduit à quelque dix mille kilomètres de l'Asie émergente. En 1999, l'union monétaire européenne est lancée, les taux de change étant irrévocablement fixés entre les monnaies participantes. Au 1er janvier 2002, l'euro physique est introduit. À l'époque, chaque État emprunte à un taux d'intérêt qui lui est propre. L'Europe du Sud a mauvaise réputation, parce qu'elle a beaucoup dévalué ses devises, elle paye donc son argent plus cher que l'Europe du Nord, où la culture de sérieux budgétaire et monétaire a au contraire provoqué la réévaluation du Deutsche Mark ou du florin néerlandais, avantageuse pour l'investisseur puisque son capital lui est remboursé dans une devise valant davantage que lorsqu'il a prêté. L'union monétaire débute ainsi, chaque pays ayant un « prix » reflétant son histoire. Mais rapidement, sous l'effet des flots massifs qui se déversent en Europe du Sud, tous les taux d'intérêt convergent. À partir de 2004, les pays de la zone euro ont quasiment tous le même taux d'intérêt. Les marchés financiers considèrent, sous l'effet de l'euphorie qui prévaut alors, que la Grèce et l'Allemagne représentent un risque identique pour l'investisseur... Car tous deux participent du même ensemble, au sein duquel, croit-on, la solidarité jouera si jamais il y avait un défaut. Cet aveuglement subsistera jusqu'en 2010, lorsque se déclenche la crise des dettes souveraines en Europe.

Non seulement les marchés provoquent l'effondrement dans les moments de panique, mais ils créent eux-mêmes la bulle spéculative qui va exploser, en supprimant les signaux qui auraient pu conduire les États à la vigilance quant à la dégradation de leur solde extérieur. C'est l'engouement excessif des investisseurs pour les pays de l'Europe périphérique qui va déformer les bilans des États, des entreprises et des banques, avec le gonflement de la dette. L'effet dramatique de l'afflux brutal de capital est évidemment accru par la fixité des taux de change, qui joue le rôle d'accélérateur à l'aller et au retour, puisqu'il n'y a pas de risque pour l'investisseur. Celui-ci profite à la fois d'une liberté totale et d'un risque minimal, assuré par la Banque centrale européenne, donc par l'Allemagne, l'une des signatures les plus réputées au monde. Pourquoi ne pas y aller ?

À la fin de 2009, juste après les élections en Grèce et l'arrivée d'un nouveau gouvernement qui lève le voile sur l'ampleur réelle du déficit budgétaire, les taux d'intérêt recommencent à s'élargir dans la zone euro. Sous le choc de la découverte d'Athènes, les investisseurs redifférencient les risques en fonction de la situation réelle des pays : tous les membres de l'euro qui sont en déficit extérieur prononcé sont pénalisés par une brutale montée des taux d'intérêt, qui renchérit de façon insupportable le paiement des intérêts, alors que la récession amoindrit déjà leurs recettes fiscales. Ces États risquent donc la faillite. Il faut les aider, et l'Europe se met à concevoir laborieusement des plans d'aides pour la Grèce, l'Irlande et le Portugal, à coups de centaines de milliards d'euros[3]. Sans grand effet.

C'est la liberté totale des capitaux qui a exalté la crise, comme l'ont montré récemment Paul de Grauwe et Yuemei Ji[4]. En déchaînant les taux d'intérêt, les marchés ont provoqué une austérité elle-même excessive, creusant la récession… Ce qui a accru la panique sur les marchés, fait grimper encore davantage les taux d'intérêt et demandé la mobilisation de sommes considérables de la part des Européens pour sauver les pays en difficulté ! Le prix de la liberté de l'argent s'est trouvé facturé aux budgets nationaux des États membres de la zone euro.

Daniel Gros va encore plus loin. C'est l'internationalisation du financement des dettes publiques qui a fait chuter la zone euro, c'est-à-dire la dépendance vis-à-vis du capital étranger, explique-t-il[5]. La plupart des pays du Sud, France y comprise, ont en effet vu grimper la part des non-résidents dans les détenteurs de titres de dette publique, jusqu'aux deux tiers, voire les trois quarts. Bien souvent, il s'est agi d'une « européanisation » de la dette publique, les banques françaises achetant par exemple de la dette italienne, et leurs homologues transalpines faisant l'inverse, profitant de la liberté intégrale à le faire que le marché unique avait mise en œuvre.

Ce mouvement a eu deux inconvénients. Il a d'abord transféré des ressources publiques hors des frontières. La France acquitte ainsi chaque année 45 milliards d'euros d'intérêts sur sa dette, les deux tiers étant versés à des non-nationaux et à ce titre partiellement exonérés d'impôts en France. Les prélèvements éventuels sont perçus par les États de résidence de ceux qui prêtent à la France. Si la dette était détenue par des Français, relevant de l'impôt français, les revenus de la dette seraient réinvestis à l'intérieur des frontières et donneraient lieu à des recettes fiscales abondant le budget de Bercy. Il s'agirait d'une simple redistribution, à l'intérieur des frontières nationales.

Second problème : dès que l'inquiétude apparaît, tout investisseur privilégie ce qu'il connaît, c'est-à-dire les actifs de son pays, au détriment de ce qu'il connaît moins bien, les titres détenus ailleurs. Plus le stress est élevé, plus les cercles concentriques se rétrécissent, au point de se confondre avec les frontières de l'État de résidence ou de nationalité. Mystérieuse rémanence des frontières, qui nous fait préférer être « chez nous » dès que les vents se lèvent. Lors de la crise des dettes souveraines, les investisseurs ont rapatrié leurs avoirs pour diminuer leur exposition au risque. Les États dépendant des capitaux étrangers se sont donc trouvés vulnérables, comme la Grèce, l'Espagne ou le Portugal. À l'inverse, un pays comme la Belgique, qui traîne l'une des dettes les plus élevées en Europe lorsqu'on la mesure en points de pib, n'a jamais été inquiété par la montée des taux d'intérêt parce que ses créanciers sont investisseurs nationaux, comme au Japon.

Exactement comme quinze ans auparavant, lors de la crise asiatique, l'explication dominante des troubles en Europe aboutit à mettre en cause le « laxisme », la « corruption » des États du Sud. Explication largement propagée par les Allemands, toujours prompts à fustiger la paresse méridionale. Même la Commission européenne a emboîté le pas à Berlin, avec les déclarations du commissaire Olli Rehn sur la nécessaire austérité pour purger les fautes commises. Pourquoi une telle vision « morale » des désordres financiers ? Paul Krugman avance une explication : « Tout le monde aime les pièces avec une fin morale. Dire que le salaire du péché, c'est la mort, c'est beaucoup plus satisfaisant que de reconnaître que de temps en temps, ça merdouille. Nous voulons tous que les événements aient un sens[6]. »

Lorsqu'on observe les deux crises sans a priori, la morale cède pourtant le pas à une explication où s'entremêlent plusieurs facteurs : la libéralisation et l'internationalisation des flux de capitaux, la fixité du taux de change, la négligence dans la conduite de la politique économique durant la phase d'euphorie et, au moins pour l'épisode européen, des premières réponses à la crise parfaitement inadaptées, voire contre-productives. Comme toujours, un accident est au confluent de plusieurs lignes de causalité.

Au milieu de ce faisceau d'explications, sans doute la libéralisation des capitaux est-elle la plus importante. Carmen Reinhart et Kenneth Rogoff, s'ils ont été critiqués à juste titre pour une erreur de calcul portant sur le niveau de dette publique « maximal », ont conduit une étude sur huit siècles de crises financières qui offre plusieurs enseignements[7]. Au cours des deux derniers siècles, les auteurs recensent quatre périodes où les défauts souverains se sont multipliés. Et ils mettent clairement en évidence un lien entre la mobilité internationale du capital et les crises financières. Dès que la première progresse, sous l'effet de la libéralisation – avant 1914, entre les deux guerres et à l'époque contemporaine –, les crises bancaires augmentent : « Les cycles qui associent flux de capital et faillites sont présents depuis 1800, et peut-être même auparavant. La technologie a changé, la taille des humains a changé, les modes ont changé. Et pourtant, la capacité des gouvernements et des investisseurs à s'illusionner, avec des périodes d'euphorie qui généralement se terminent dans les larmes, semble être restée une constante[8]. »

Pendant trente ans, tous les économistes – au moins tous ceux qui étaient écoutés par les dirigeants politiques et les chefs d'entreprise – ont cru à la mondialisation financière, expliquant qu'elle distribuait ses bénéfices sans partage, exactement comme la mondialisation commerciale. Leur raisonnement était difficilement contestable : la distribution mondiale du capital privé par les autoroutes de la finance semblait réussir là où l'aide au développement avait toujours échoué, faire décoller les pays émergents. Et c'est vrai que la manne a contribué à l'essor de cette partie du monde. L'extraordinaire diminution de la pauvreté dans ce qu'on appelait naguère le tiers-monde s'explique en partie par le développement des échanges. Du coup, les premières crises, dans les années 1990, n'ont pas été attribuées au système lui-même, mais à des erreurs de politique économique de la part des victimes.

Mais la récurrence des accidents a changé la donne. L'Europe en 1992, le Mexique en 1995, l'Asie en 1997, la Russie en 1998, l'Amérique en 2000 avec la bulle internet, puis une nouvelle fois en 2007 avec les *subprimes*, l'Europe à nouveau en 2010 avec la crise des dettes souveraines, l'Inde et le Brésil en 2013, ainsi que les autres pays émergents, qui ploient à leur tour sous l'excès de dette. Au cours des vingt dernières années, la multiplication des crises a conduit à déplacer immanquablement la responsabilité : c'est le système lui-même qui déchaîne les éléments avec une telle violence.

Une fois ce constat effectué, les optimistes se tourneront vers la solution rationnelle : réglementer l'industrie financière et l'activité des marchés, sans pour autant attenter à la liberté fondamentale de l'argent. Profitons des avantages réels du libéralisme, tout en essayant de limiter les rentes du secteur financier et les dangers considérables qu'il fait peser sur l'économie, voilà ce que le bon sens suggère. Mais ce projet butte sur plusieurs difficultés.

Tout d'abord, il n'y a pas de protection efficace contre les modes, les idées reçues, la bêtise en somme, qui gouvernent de temps à autre la psychologie collective et donc le fonctionnement des marchés. L'engouement collectif est par définition une illusion, et le propre des esprits abusés, c'est d'être imperméables aux arguments sensibles. On pourrait évidemment décréter que la naïveté est désormais illégale… ce qui serait aussi efficace que d'interdire la bêtise. D'autant que, dans les phases de spéculation, il vaut mieux avoir tort avec tout le monde que raison tout seul – puisque celui qui a raison tout seul ne profite pas des opportunités d'enrichissement. L'aiguillon pour suivre la foule est donc très puissant.

Cette caractéristique des marchés financiers existe depuis toujours, parce qu'elle est aussi vieille que la société des hommes. Les innombrables ouvrages qui ont étudié bulles et crises financières pointent toutes les similitudes de ces phases d'emballement, des tulipes hollandaises jusqu'à la nouvelle économie, en passant par la spéculation sur le rail du XXe siècle. On aurait pu imaginer que l'internet change la donne. Le nombre des émetteurs d'informations étant multiplié à l'infini, la chance que s'expriment des voix dissonantes, extérieures au consensus, est beaucoup plus élevée que dans un monde où l'information est contrôlée, comme auparavant, par un petit nombre d'acteurs. Toutes les opinions possibles peuvent désormais se faire entendre. Cette diversité devrait être une protection contre la formation des consensus qui conduisent à la spéculation. Il n'en est rien. Plus le nombre d'émetteurs est élevé, plus le consensus est puissant. Et plus il est difficile de résister à l'idée dominante du moment. Car tout le monde répète la même chose au même instant. La société de l'information, avec ses milliards de terminaisons, est encore plus vulnérable aux brusques mouvements d'opinion universels, parce qu'elle met la planète entière en synchronie. Le mimétisme, caractéristique fondamentale des sociétés humaines, s'exerce désormais à une échelle mondiale. Les bulles spéculatives n'ont pas fini de prospérer.

À cette difficulté fondamentale s'ajoute une difficulté politique : pour qu'une régulation soit efficace, il faudrait qu'elle soit appliquée dans tous les pays. Par exemple, l'interdiction de certains produits financiers – les « ventes à découvert », c'est-à-dire la vente promise de titres qu'on ne possède pas encore –, tentée pendant la crise financière, s'est révélée complètement inefficace car elle se limitait à une zone géographique, alors que la finance ne connaît justement pas de frontières. Il y a aujourd'hui trois niveaux de régulation financière différents sur la planète, et peu de chances de les faire converger. Le plus élevé est celui qui prévaut en Europe continentale, avec des limitations portant sur les rémunérations des traders, le personnel qui réalise les opérations financières, ou une taxe sur les transactions financières, largement symbolique. Deux dispositions facilement contournables, car il suffit à un établissement financier européen d'installer une salle de marché dans un pays qui ne les a pas adoptées pour ne pas y être soumis…

Le niveau de réglementation intermédiaire est celui qui prévaut dans le monde anglo-saxon, plus libéral que l'Europe continentale, au Royaume-Uni en particulier. Les seules dispositions contraignantes touchent au délit d'initiés, qui punit l'utilisation d'informations non publiques pour réaliser des plus-values, et au vaste corpus de règles prudentielles destinées à encadrer le risque financier. Le Royaume-Uni considère que la réglementation excessive est une atteinte à la souveraineté nationale, d'autant plus préjudiciable que le poids économique de la City, le secteur financier, est considérable. Enfin, le troisième ensemble ne connaît quasiment aucune règle. Ce sont les paradis fiscaux.

Toutes les tentatives pour « moraliser » la finance, lors des réunions du G20 qui ont suivi la crise de 2008, se sont donc soldées par des résultats aussi maigres que les discours étaient enflammés. Car il n'y a pas moyen de mettre d'accord les États de la planète sur autre chose que des objectifs de long terme, qui n'ont pas d'effet sur les risques réels que l'industrie financière fait peser sur la croissance. Ces foucades bavardes ont débouché sur une évolution paradoxale : depuis la crise, la proportion des transactions financières conclues dans les « dark pools », ces places de marchés parallèles non réglementées, n'a jamais été aussi importante. Le monopole des Bourses traditionnelles a volé en éclats. Les intervenants échappent ainsi aux contraintes nouvelles, et ils peuvent effectuer leurs affaires sans la transparence, en particulier sans révéler le prix auquel ils ont acheté leurs titres. D'après une étude récente de Chartered Financial Analyst, ces places parallèles auraient vu leur marché progresser de 50 % depuis trois ans, atteignant aujourd'hui le tiers des volumes traités.

Troisième difficulté : l'influence des financiers sur la décision politique a en réalité augmenté après la crise, si saugrenu que cela puisse sembler. Le meilleur analyste de ce rapport de force est un ex-économiste principal du FMI, Simon Johnson. Repenti lui aussi, il a livré après la crise une critique sans ménagement du secteur et des liens qu'il entretient avec les décideurs politiques. « Les énormes institutions financières influencent les politiques publiques de façon disproportionnée, explique-t-il dans un article qu'il a publié en 2009 [...]. Idéalement, les grandes banques devraient être revendues par morceaux de taille moyenne, découpées par région ou par type d'activité. [...] Cela peut sembler arbitraire, mais c'est le seul moyen de limiter le pouvoir d'institutions dans un secteur qui est essentiel à l'économie[9]. » Johnson détaille dans ce même article les innombrables liens qui associent le département du Trésor, aux États-Unis, et les grandes banques d'affaires de Wall Street. Les responsables publics ont en principe commencé leur carrière dans le privé, au sein de l'une de ces institutions prestigieuses, et y retournent après avoir servi le pays dans l'administration ou à la Banque fédérale. Les politiques qu'ils préconisent lorsqu'ils sont en situation pour édicter les règles correspondent étrangement à ce que souhaitent les acteurs privés de cet oligopole : le moins de règles possible, de façon à faire le plus d'argent possible.

Le « réformisme » en matière de finance n'est donc guère efficace pour limiter les dangers. La réforme de la finance française, initiée par François Hollande, est le prototype de tentatives louables qui n'entament en rien les risques systémiques. Et pour cause : la France n'est qu'une puissance secondaire en matière de finance, elle n'a pas le loisir d'imposer ses vues ni à la planète ni même à l'Europe. Elle est donc condamnée à suivre ce que font les autres, à moins de prendre le risque de voir ses activités financières se délocaliser.

DEUXIÈME PARTIE

Le grand cycle

CHAPITRE 5

L'éternel retour

La mondialisation provoque d'importants désordres dans la vie des sociétés. Comme elle distribue ses bénéfices de façon capricieuse, elle fait des gagnants et des perdants : elle accroît les inégalités. Elle limite aussi le champ de l'action des gouvernements nationaux. Et donne aux électeurs le sentiment qu'ils n'ont plus barre sur leur destin – ni eux ni leurs représentants de la classe politique. Enfin, faute d'autorité crédible et de contrôle efficace sur le plan supranational, la mondialisation de la finance a créé sur les marchés de la planète l'équivalent du changement climatique, avec la multiplication des événements extrêmes, bulles spéculatives ou krachs.

Ces inconvénients ne sont pas nouveaux. Ils ont été plusieurs fois observés au fil de l'histoire du capitalisme. De loin en loin, celui-ci connaît des phases d'emballement, où l'économie s'internationalise de façon accélérée. Les frontières s'abaissent alors progressivement pour les marchandises et les hommes, les cultures se mélangent, les flux d'échanges grossissent. La finance, qui n'est pourtant que l'une des industries parmi d'autres, occupe alors une part croissante de la création de richesse car elle profite de vastes espaces ouverts à son commerce. Et l'idéologie libérale domine les classes dirigeantes et les économistes, toujours à l'unisson. Mondialisation et libéralisme économique sont indissociables. Aussi le cycle de la mondialisation se confond-il avec le cycle des idées, et le retour intermittent du libéralisme.

Phases libérales

Il y a une énigme dans cette intermittence. Car la mondialisation varie dans son intensité au point de sembler par moments ne connaître aucune résistance, et à d'autres au contraire se replier. Ces accélérations sont expliquées traditionnellement par les innovations qui améliorent le transport et les télécommunications, avec les fortes baisses de prix qui leur sont associées. Et c'est vrai que les ruptures technologiques offrent des opportunités nouvelles. Pour autant, la technique ne suffit pas à tout expliquer. Et en particulier pas les phases de repli. Pourquoi les peuples éprouvent-ils par moments le besoin de se protéger ? Les communications restent disponibles, les facilités de transport ouvertes, mais les acteurs de l'économie ne veulent plus en profiter. C'est bien le signe qu'il existe autre chose, de plus puissant que l'évolution des techniques, qui imprime sa marque sur l'organisation des sociétés et de l'économie.

De façon très curieuse, ces cycles ont une durée de vie relativement constante : soixante-dix à quatre-vingts ans. Avec deux phases bien distinctes, ponctuées l'une et l'autre par des crises. Et tout d'abord une phase où le désir de liberté triomphe, qui se traduit par la disparition des règles et des limites, y compris celles des frontières – la phase de mondialisation. Ce demi-cycle dure une quarantaine d'années. Il change peu à peu l'économie mondiale en libérant les forces du marché et celles de l'individualisme. Timidement au début. Puis il conquiert les esprits et flatte les rêves de richesse et de puissance. Les entreprises sont les acteurs premiers de la transformation. Dès qu'une route s'ouvre, donnant accès à un nouveau marché, à une mine de matières premières ou à un réservoir de travail bon marché, elles sont là. Leur organisation, leurs chaînes de production s'adaptent presque instantanément aux nouvelles dimensions, elles investissent l'espace économique à mesure qu'il se libère.

Signes et symptômes

Cette phase libérale se caractérise par plusieurs signes. Le premier est l'abaissement des frontières, avec la réduction des droits de douane et la liberté de mouvement des capitaux, c'est-àdire la possibilité, pour un épargnant, de transférer à l'étranger tout ou partie de son patrimoine, ou d'investir dans des titres ou immeubles situés n'importe où sur la planète. À cela il faut ajouter les migrations internationales, qui progressent fortement.

La levée des frontières inverse trois rapports de force. Elle donne d'abord la main aux riches. Le marché aux dimensions élargies accroît en effet la concurrence, ce qui a tendance à faire monter les prix des ressources rares dont l'emploi est sollicité de toutes parts – les élites bien formées, les financiers, les footballeurs de niveau mondial – et baisser le prix des ressources abondantes, le travail peu qualifié.

Deuxième rapport de force, celui qui affirme la prééminence du prêteur – l'épargnant, le détenteur de capital – sur l'emprunteur. Dans un monde de liberté totale pour l'argent, c'est l'épargnant qui dicte sa loi. Aussi impose-t-il la disparition progressive de l'inflation, qui lui garantit un revenu réel positif. Il l'impose avec un chantage : si l'inflation est forte, il transfère son capital dans des endroits où il sera moins spolié. Cette concurrence pour attirer l'argent des épargnants conduit peu à peu tous les gouvernements à adopter une politique anti-inflationniste. En apparence, les taux d'intérêt baissent lorsqu'on ouvre les frontières, mais en réalité ils remontent, car la hausse des prix ralentit encore plus fortement que les taux de crédit. La différence qu'empochent les prêteurs est donc plus importante.

Comme l'État s'endette, le voilà pénalisé dans ces périodes, à la même enseigne que les autres emprunteurs. Il est donc conduit à céder une partie de son patrimoine, ses propriétés : on privatise beaucoup dans les temps libéraux. Tant pour des raisons financières qu'idéologiques. On est alors convaincu que le privé et le marché font mieux que l'État, parce qu'un agent privé est soumis en permanence à la concurrence, salutaire aiguillon qui lui commande de toujours se dépasser et de renoncer aux impasses technologiques ou commerciales dans lesquelles l'État et ses satellites peuvent se fourvoyer. L'État rétrécit donc le périmètre de ses interventions. Et il vend ses démembrements. Cela tombe bien, il y a des acquéreurs : nos fameux épargnants, qui cherchent à investir dans des secteurs rentables avec des réserves de productivité importantes. Télécoms, transports, énergies, assurances, banques, tout y passe. La mondialisation est toujours l'occasion d'un transfert de propriété du public vers le privé.

Le troisième rapport de force qui s'inverse du fait de l'arasement des frontières est celui qui oppose le producteur au consommateur. Dans les phases libérales, c'est le consommateur qui tient le haut du pavé. Justement parce qu'on le protège de la hausse des prix grâce à une politique monétaire adaptée. Mais aussi parce que les entreprises profitent des nouvelles libertés pour s'approvisionner au meilleur prix – Décathlon, en France, et Walmart, aux États-Unis, ont ainsi importé massivement leurs produits de Chine à compter des années 1990. Les industriels sont mis en concurrence avec leurs homologues du monde entier, sous l'œil impitoyable de l'acheteur qui compare les étiquettes... Pour payer moins cher, le voilà qui choisit des produits fabriqués dans des usines qu'on a délocalisées, mettant en péril son propre emploi. Il profite également de la déréglementation et du retrait de la puissance publique, par exemple dans les télécommunications, qui ont connu un saisissant recul des prix depuis trente ans, sous le double effet de l'innovation et de la privatisation. Quand l'économie est mondiale, c'est le consommateur qui détient la rente.

Autre symptôme, le gonflement de la sphère financière. Immanquablement, les avancées de la mondialisation déclenchent l'essor des industries de l'argent. Lorsque le capital ignore les frontières, mille spéculations s'offrent à l'investisseur. Les spécialistes prospèrent donc, multipliant les allers-retours, inventant de nouveaux produits baroques comme la « titrisation », l'opération par laquelle on cède sur les marchés une dette par petits morceaux, les dérivés, spéculation sur la spéculation, tout comme le mystérieux et oxymorique « or-papier ». Quel que soit l'indicateur financier sélectionné, il dessine une monstrueuse hernie durant les périodes libérales. La valeur des entreprises cotées en Bourse atteint son plus haut, mesurée en pourcentage de la richesse produite. Tout comme le nombre d'employés dans la finance ou le salaire et les bonus des techniciens les plus chevronnés. À ces époques, le prix des actifs – la Bourse, l'immobilier – progresse beaucoup plus vite que les revenus, augmentant les inégalités entre les détenteurs de patrimoine et les autres.

Si les cours boursiers et les prix du mètre carré bondissent ainsi, c'est à cause de la forte croissance de l'endettement, habituelle dans ces phases économiques. Au fil des années, les limites sont peu à peu repoussées, par les États, les entreprises, les banques et les ménages. Tout le monde communie dans une orgie de crédit, par plaisir ou par nécessité. Le risque financier est délibérément ignoré. Et les déséquilibres s'accumulent en silence… Avec une progression d'autant plus continue qu'elle est jugée inoffensive.

Mouvement pendulaire

Ces périodes se terminent toujours de la même façon, par un krach retentissant, qui met un point final aux déséquilibres. Le krach n'est jamais que le retour brutal et souvent non désiré du bon sens. C'est, au sens propre, une explication : tous les défauts du système se révèlent. Par une synchronie mystérieuse, les faillites financières et morales suivent le même tempo. Trous dans les bilans et scandales de corruption se multiplient pendant la crise, qui dure une dizaine d'années, pendant lesquelles le monde peine à se réorganiser, cherche des solutions, travaille à éteindre l'excès de dettes héritées qu'on traîne comme un boulet et qui ralentit la croissance. Les sociétés subissent en général une forte réaction à la mondialisation, et se tournent vers une autre organisation.

L'autre moitié du cycle s'ouvre alors, qui dure elle aussi quelques décennies. C'est le désir de protection qui y domine, pulsion exactement contraire à celle de la phase précédente. Avec la restauration des règles et des frontières, parfois accompagnée d'épisodes de nationalisme aigu. Comme si le balancier s'inversait, à cause de la crise, indépendamment de toutes les possibilités offertes par la technologie : la société semble lassée de l'ouverture, et même craintive face au grand large. Le riche, l'épargnant et le consommateur, vainqueurs de la phase libérale, laissent alors la place aux nouveaux maîtres, les classes moyennes, l'emprunteur et le salarié, qui prennent l'ascendant.

Dans ces périodes protectionnistes, on rétablit généralement les frontières, avec des tarifs douaniers ou des restrictions aux échanges. La finance est tenue en laisse, avec un ensemble de règles tirées de la crise qui a suffisamment frappé les esprits pour représenter un danger à éviter. L'inflation revient, érodant les dettes accumulées lors de la phase précédente. Et les salariés profitent d'un rapport de force qui leur est bien plus favorable, car les entreprises sont confinées dans l'espace national. C'est l'État qui prend la main, décidant davantage, intervenant dans l'économie à la fois comme actionnaire et comme régulateur, taxant davantage.

Une longue période de croissance intervient alors, jusqu'à ce que l'excès de contraintes sclérose l'économie. C'est la crise qui revient, réveillant le désir de liberté et la pulsion individualiste, au détriment de l'ordre social… La mondialisation renaît, et avec elle la tentation de braver les mers et les steppes.

La mondialisation n'a donc rien de linéaire. Elle avance et recule, progresse ou se rétracte, suivant les époques – suivant le positionnement de l'époque sur l'orbe de ces cycles mystérieux. Car son déterminant n'est pas le prix du transport, ni l'innovation dans les technologies de communication, mais le degré de tolérance à l'ouverture des sociétés. Degré qui varie en fonction de l'insécurité économique ou politique qu'elles subissent. Ce n'est pas l'économie qui impose sa loi à la société, comme le croient naïvement certains dirigeants d'entreprise, mais bien le contraire. C'est dans la société que semblent naître les pulsions premières, libertaires ou protectionnistes, mondialistes ou nationalistes. Ces directives impérieuses transforment peu à peu la vie en société et commandent à l'économie en imposant le système de pensée qui la gouverne. Aussi l'économie est-elle tantôt libérale, tantôt dirigiste, en fonction de l'humeur changeante de la société.

Les motifs d'étonnement ne s'arrêtent pas là, pour celui qui observe ces étranges correspondances d'un siècle à l'autre. On pourrait imaginer que chaque continent ait son propre calendrier. Il n'en est rien. Les vagues idéologiques qui se succèdent et se contredisent sont planétaires. Il n'y a pas plus de « découplage » dans les idées que dans la finance ou dans la macroéconomie : le monde entier vit sur le même pouls. Aussi tous les pays de la planète ont-ils été parcourus en même temps par la grande vague libérale des années 1980. Aujourd'hui à l'inverse, le reflux est lui aussi planétaire.

L'œuvre des générations

Lorsqu'un système se met en place, il fonctionne très bien au début, parce qu'il est tempéré. Aussi la première décennie est-elle souvent une période de croissance régulière et forte. Mais au fil du temps, la mécanique prend du jeu. Les rentiers détournent les ressources à leur profit en modifiant les règles du système. Durant les années 1990 et 2000, le libéralisme a ainsi été dévoyé, dénaturé, par la finance et les détenteurs de capital, au détriment de l'économie productive, pour augmenter leurs rémunérations sous le couvert d'un meilleur fonctionnement de l'économie mondiale. Cette prise en otage du système a été un facteur important dans la montée progressive de la dette, qui a fini par tout submerger. Elle a radicalisé le système libéral, faisant gagner davantage les gagnants et perdre davantage les perdants.

Ces excès ont d'abord nourri un ressentiment silencieux. Puis provoqué la crise. La multiplication des scandales politiques et financiers mis au jour actuellement n'est pas autre chose que le besoin de renouveler les élites qui ont provoqué la chute. La victoire des rentiers provoque donc leur propre perte, parce qu'elle est par nature excessive. D'où le retour de balancier, vers une organisation avec moins de liberté et davantage de protection… C'est ce qui pourrait nous arriver aujourd'hui.

Comme son nom l'indique, le mouvement pendulaire fonctionne dans les deux sens. La phase étatiste est elle aussi confisquée par les opportunistes, au bout d'un certain temps – pas les mêmes, bien sûr. Il s'agit de ceux qui profitent de la règle excessive et de l'État. Il suffit de se remémorer la Grande-

Bretagne des années 1970, paralysée par des syndicats obtus et des grèves incessantes, étouffée par l'inflation, anémiée par la faiblesse de l'investissement et le gonflement de la sphère publique, pour comprendre que l'étatisme suscite aussi ses rentiers. Quand c'est leur heure, ils en profitent également, jusqu'à déclencher une crise qui réveille la pulsion libérale.

Le ressort de l'alternance est donc l'échec de la phase précédente. La polarité idéologique s'inverse parce que les défauts du système moribond se révèlent et provoquent le désir de changement. La succession des générations joue probablement aussi un rôle déterminant dans cette inversion. Une génération naît avec un ensemble de valeurs et de croyances qu'elle privilégie tout au long de sa vie. Elle marque de son empreinte la société et l'économie avec ses valeurs, à mesure que ses membres conquièrent les postes de commandement, pour atteindre le zénith de son influence lorsqu'elle a soixante ans. À cet âge mûr, elle a façonné le monde. Et déjà pointe une nouvelle classe démographique, avec de nouvelles valeurs, de nouvelles ambitions, de nouveaux désirs. Celle-ci voit les défauts du système avec des yeux neufs, parce qu'elle n'est pas au pouvoir et ne profite pas de ses avantages. Elle est jeune. Elle ne possède rien, ni capital ni expérience. Comme toutes les générations, elle se structure par rapport à celle qui l'a précédée, en en prenant le contre-pied. Nous nous construisons contre nos pères. Tout comme nos pères ont dû se déterminer en prenant le contre-pied des leurs. Ce qui nous conduit presque mécaniquement à retrouver des valeurs, des idées ou des modèles assez proches de ceux de nos grands-parents. Et bien souvent à retomber dans leurs travers.

Deux Sisyphe

L'alternance contraire des générations, tantôt libérale, tantôt protectionniste, est sans doute l'une des causes du grand cycle. Elle pourrait expliquer le mouvement de balancier idéologique. Il faut en effet deux bonnes générations successives pour effectuer une révolution complète, soit... environ soixante-dix ans.

Il y aurait donc deux explications au retour du même. La première est tout simplement le temps qui passe, le vieillissement et l'effacement progressif de la génération qui dispose de l'expérience nécessaire pour prévenir les comportements à risque. Expérience qu'elle a acquise en passant par la crise et qui n'est d'aucune utilité pour les suivantes, parce qu'elle disparaît avec elle. En 2005, lorsque les désordres financiers atteignent des sommets, les témoins de la crise des années 1930 étaient presque tous morts. Eux seuls auraient pu nous alerter sur l'étrange similitude de l'euphorie financière du début de notre siècle avec les dérives des années

1920, qui ont précédé le Jeudi noir. Mais ils n'étaient plus là.

La seconde explication tient au retour de conditions de psychologie collective et d'idéologie très voisines, à quelques décennies d'intervalle. Au moment même où une génération disparaît, une nouvelle, beaucoup plus jeune, incarne les mêmes rêves et les mêmes illusions, et les fait revivre. Nouvelle génération qui, privée du bénéfice de l'expérience, se trouve condamnée à mettre ses pas dans les pas de ceux qui l'ont précédée, aiguillonnée par les mêmes désirs et butant sur les mêmes obstacles.

Ainsi va l'histoire des sociétés, faisant alterner deux Sisyphe, l'un libéral, l'autre étatiste, chacun étant concentré à faire remonter sa pierre. Les deux Sisyphe ne se parlent jamais, ne se voient même pas, ne travaillent pas en même temps. Ils se succèdent : dès que la pierre du premier a dévalé la pente, l'autre, sur le flanc opposé de la montagne, se met en branle pour la pénible ascension. L'instabilité que provoquent ces deux géants perpétuellement insatisfaits témoigne d'une difficulté fondamentale de la vie en société, impossible à lever durablement : trouver la juste mesure entre la règle et la liberté, entre le groupe et l'individu. Faute de savoir positionner le curseur à l'endroit idéal, nous voici condamnés à l'errance, au roulis d'un excès à l'autre.

CHAPITRE 6

Quand la mondialisation s'arrête

La mondialisation moderne commence avec les premières Grandes Découvertes, que l'on date conventionnellement en 1492, avec l'arrivée des Européens sur le continent américain, mais le mouvement est lancé déjà au milieu du XVe siècle avec l'imprimerie de Gutenberg. Dès cette époque débute l'alternance de cycles d'ouverture et de fermeture qui rythme depuis avec une relative régularité l'évolution planétaire. Les principaux cycles ont constitué autant de paliers dans l'évolution de l'économie. En voici quatre.

L'âge des épices, 1492-1524

La plus grande catastrophe frappant le monde occidental au cours du deuxième millénaire intervient au XIVe siècle, c'est la Peste noire[1]. L'épidémie tue vingt-cinq millions de personnes, sur les quatre-vingts millions qui habitent le continent européen. La conséquence paradoxale de cette saignée, bien plus profonde que celle que laisseront les deux grandes guerres mondiales du XXe siècle, est de faire fortement monter les salaires et les revenus dans les décennies qui suivent, puisque le capital, les terres et le bétail ne sont pas atteints par la peste, alors que le nombre de travailleurs diminue. Le stock de monnaie ne varie pas non plus, pour une production bien inférieure mais de meilleure qualité : les prix et les salaires montent. Entre 1300 et 1480, les revenus réels par tête en Angleterre sont multipliés par plus de deux, ce qui est très inhabituel pour l'époque. Le XVe siècle, surtout après 1450, voit une reprise générale de l'économie, au bénéfice des villes[2].

En élevant le niveau de vie, la peste développe la demande pour les produits de luxe de l'époque, les épices. Ce qui stimule les échanges avec l'Asie. Mais les voyages terrestres sont devenus plus dangereux, à cause de la décomposition de l'Empire mongol. Les prix des denrées montent, notamment ceux du poivre et de toutes les curiosités provenant de pays lointains. Le commerce et la vente de ces produits sur les marchés occidentaux offrent alors des occasions d'enrichissement considérable. Il n'en faut pas davantage pour déclencher une série de découvertes et de grandes explorations maritimes tout au long des années 1400. C'est au seuil entre les XVe et XVIe siècles que la mondialisation s'emballe, avec les découvertes portugaises et espagnoles, les voyages de Christophe Colomb et le premier tour du monde maritime de Magellan. En 1494, le traité de Tordesillas donne un cadre politique au Nouveau Monde découvert, le partageant entre l'Espagne et le Portugal, sous l'autorité du pape Borgia, Alexandre VI.

Les prix commencent à varier dans le monde entier, se suivant « avec des décalages plus ou moins accentués, décalages à peine sensibles à travers l'Europe entière où les économies s'accrochent de près les unes aux autres[3] », note Braudel. Ce sont les débuts d'une économie de marché « qui n'entraîne derrière elle que quelques marchandises exceptionnelles, mais aussi les métaux précieux. Des voyageurs privilégiés font déjà le tour du monde », signant la mise en place de « ces liaisons, ces chaînes, ces trafics, ces transports essentiels », routes commerciales de la première mondialisation.

Très rapidement, la nouvelle de la découverte de terres à l'ouest se répand en Europe, après le retour de Colomb en 1493. Des dizaines de milliers d'Européens, Espagnols pour la plupart, migrent dans le Nouveau Monde, pour s'y installer et chercher fortune. Le métal précieux provenant des mines d'Amérique du Sud arrive alors en Europe et stimule les grands projets, la croissance et l'emploi – entre 23 et 27 tonnes d'or pour la seule Espagne dans les premières années du XVIe siècle, selon les estimations de Pierre Chaunu. Un flux intense de pièces d'or et d'argent voyage d'ouest en est, suivant selon Braudel la rotation de la Terre, emportant dans son sillage toute une série de matières premières achetées par l'Occident.

Les commerçants captent une part importante de cette richesse nouvelle et déchaînent les jalousies. Le torrent d'argent qui se déverse fait grimper les prix, d'abord en Espagne, puis dans la plupart des pays d'Europe. Cette flambée d'inflation et de richesses nourrit des frustrations, qui s'expriment de plus en plus fort, alors que le centre du monde capitaliste remonte lentement de la Méditerranée vers l'Atlantique. C'est justement au nord de l'Europe que naît un puissant mouvement de contestation qui récuse la société nouvelle et ses travers, la Réforme.

Pour l'historien Harold James, si Martin Luther connaît un succès immédiat, c'est justement parce qu'il trouve les mots pour décoder – et condamner – la société matérielle et ses licences abusives[4]. Le moine livre une critique de la vie sociale de l'époque, tout autant qu'une lecture spirituelle. Il condamne le trafic d'indulgences fait par l'Église et remet en cause le triomphe de l'argent dans la société, qui a fini par faire disparaître la morale. L'une de ses œuvres les plus importantes est consacrée à la vie économique, *Le Commerce et l'Usure*, publiée en 1524. Ce n'est pas tant l'échange en lui-même qui y est stigmatisé que le commerce lointain, celui de la « soie coûteuse, des objets en or et des épices », qui n'ont aucune utilité sinon l'ostentation, et dont la possession suppose un contact avec l'étranger non européen.

Tout aussi critiquées, les fortunes colossales qui s'échafaudent avec le commerce du métal précieux et semblent illégitimes. Des mouvements sociaux naissent chez les paysans, marqués par le conservatisme, qui veulent revenir au monde d'avant et à son immuabilité : la première mondialisation fait bouger non seulement les frontières mais les hiérarchies sociales, les habitudes, la morale, les comportements... Autant de bouleversements menaçants pour les valeurs traditionnelles. Luther propose une morale et un ordre social qui répondent à cette angoisse, en stigmatisant le vice et en appelant au retour de l'autorité – il est le premier héraut de l'antimondialisation, lointain précurseur de José Bové.

Il faudra plusieurs décennies pour que le monde de la Réforme s'ouvre à son tour au commerce lointain et façonne un nouvel âge de la mondialisation avec l'essor des Pays-Bas, qui deviendront une puissance commerciale sans égale.

L'âge du coton, 1760-1792

Le milieu du XVIIIe siècle voit l'activité économique se soulever littéralement, sous la poussée de la révolution industrielle britannique et du « système atlantique », cet échange d'esclaves, de matières premières et de produits industriels qui relie les continents. Les esclaves sont alors achetés en Afrique et transportés en Amérique par des marchands portugais, dans les plantations des États du Sud. Le coton qui y est récolté est envoyé en Angleterre où les nouvelles machines industrielles en feront des vêtements, exportés dans le monde entier, les opérations étant financées par le métal précieux découvert et exploité en Amérique du Sud... Au cours des seules années 1700, huit millions d'esclaves furent ainsi déportés, armée des ombres de la mondialisation, jusqu'à l'interdiction de l'esclavage au Royaume-Uni en 1807. L'Europe est alors le centre de l'économie mondiale, associant tous les endroits connus de la planète par les liens du commerce qu'elle contrôle pour en tirer profit, comme une araignée au centre de sa toile. L'industrie anglaise, l'agriculture américaine et le trafic d'esclaves africains sont étroitement entremêlés[5].

C'est dans la seconde moitié du siècle que le décollage intervient. Entre 1750 et 1769, les exportations anglaises de coton font plus que décupler[6], et l'essor du secteur pousse dans la révolution industrielle une armée d'entrepreneurs privés. Alors que les Français s'orientent vers l'industrie du luxe, les Anglais visent, eux, le marché de masse. La société de consommation naît avec les vêtements industriels et l'innovation technologique qui permet de les fabriquer à moindre coût. Les perfectionnements des métiers à tisser, puis la vapeur transforment l'industrie textile qui s'installe alors dans les villes, loin des cours d'eau autrefois nécessaires. Les usines remplacent les ateliers d'artisans. La population britannique augmente, et pour la première fois de l'histoire de l'humanité, la malédiction malthusienne est brisée : malgré la progression du nombre d'hommes, le niveau de vie s'élève, grâce à la croissance de la productivité que l'industrie libère. La croissance de la richesse par tête passe de 0,5 % à près de 1 % par an à la fin du XVIIIe siècle[7].

Alors que la première moitié du siècle est dominée par le mercantilisme, c'est-à-dire une politique qui vise à accumuler le métal précieux, le climat politique et idéologique bascule vers 1760, d'abord avec les physiocrates, puis avec Adam Smith[8]. Le livre IV de son traité sur la *Richesse des nations*, consacré à la défense du libre-échange, est publié en 1776 et devient le livre de référence mondial en économie. En 1786, la France et l'Angleterre signent un traité de commerce, qui libéralise les échanges commerciaux entre les deux grandes puissances. Sur le plan politique, la poussée libérale est également vigoureuse, avec la révolution américaine, en 1776, et bien sûr la Révolution française.

Pour Eric Hobsbawm, c'est la concomitance de ces deux révolutions, industrielle en Grande-Bretagne et politique en France, qui va changer le cours de l'histoire en Europe : la Grande-Bretagne a fourni le modèle des chemins de fer et des usines, l'« explosif » qui a fait éclater les structures économiques et sociales traditionnelles, tandis que la France a conçu le vocabulaire et les solutions de la politique libérale sur le plan politique. « L'œuvre essentielle de ces deux révolutions fut donc d'ouvrir les carrières au talent, et en tout cas à l'énergie, à la sagacité, au travail acharné et à l'âpreté au gain [...] loin de l'idéal statique des hiérarchies du passé[9]. »

Des révolutions qui déclenchent une guerre quasi ininterrompue, entre 1792 et 1815, où s'affrontent les puissances rivales que sont la France et la Grande-Bretagne. Il faudra quelque vingt années pour mater la Révolution française. Cette période marque le reflux du libéralisme et du commerce international. D'abord à cause des conflits, et parce que le climat idéologique a tourné. Dès les années 1790, la jeune démocratie américaine remet en cause le libre-échange. C'est aux États-Unis que naît le protectionnisme moderne, avec Alexander Hamilton, ministre des Finances du premier gouvernement américain[10]. Il rédige en 1791 un « Rapport sur les manufactures », considéré comme le premier texte exprimant la théorie du protectionnisme. Il y explique que l'industrialisation n'est possible qu'à l'abri d'une protection douanière, et semble avoir été le premier à utiliser le concept d'« industrie dans l'enfance », qui sera au cœur des travaux de l'Allemand Friedrich List. La plupart des États européens font de même. D'autant que le traité de libre-échange de 1786 n'a pas apporté les bénéfices qu'on en attendait.

Au sortir de la guerre, les frontières commerciales intérieures de l'Europe sont bien dressées. Les peuples ont besoin d'être rassurés après une génération de révolutions et de conflits. Même au Royaume-Uni, on se protège. Les riches exploitants agricoles d'Angleterre font adopter par le Parlement les Corn Laws de 1815, qui ferment les frontières à l'importation de céréales, ce qui maintient les prix intérieurs à un niveau relativement élevé. Le secteur industriel, déjà mécanisé et ultra-productif, commence à se plaindre de ces restrictions au commerce. C'est le début d'un conflit entre les deux Angleterre, qui déterminera la politique commerciale de l'Europe entière ainsi que ses échanges internationaux.

L'âge du fer, 1830-1873

En 1815, avec le traité de Vienne qui clôt plus de vingt ans de guerres, commencent véritablement le XIXe siècle et une période de quatre-vingt-dix-neuf ans sans conflit majeur. Elle est marquée, dans sa première moitié, par l'essor des technologies qui pointaient déjà au siècle précédent, notamment celles qui vont révolutionner les transports. L'amélioration des routes, tout d'abord, avec la technique de consolidation de la chaussée inventée par l'Écossais McAdam.

Alors qu'il fallait quatre à cinq jours pour se rendre de Manchester à Londres en 1780, trente-six heures suffisent en 1820. L'Empire d'Autriche ouvre cinquante mille kilomètres de routes nouvelles entre 1830 et 1847[11]. Quant au kilométrage de voies navigables, il quadruple sur la même période. Le bateau à vapeur, d'abord utilisé sur les rivières, vogue bientôt sur les mers, amélioré par l'invention de l'hélice. Ces machines traversent l'océan Atlantique dans les années 1830 et convoient voyageurs et marchandises vers l'Afrique un peu plus tard. Mais la vraie révolution des transports et du commerce, « ce fut le fer, déversé sur le monde par millions de tonnes pour permettre aux trains de sillonner les continents[12] », en Europe et aux États-Unis. La ligne Manchester-Liverpool est inaugurée en 1830, et les voies pionnières en France, en Belgique, en Allemagne suivent de près[13]. Une bulle boursière se gonfle sur les titres des compagnies de chemin de fer, les valeurs de la « nouvelle économie » d'alors.

Le prix du transport chute et les volumes transportés explosent. Entre 1780 et 1840, le commerce mondial est multiplié par trois. La fixation d'un tarif unique pour la poste et l'invention du timbre adhésif, en 1841, fait décoller le courrier. Cinq millions d'Européens quittent leur pays pour aller travailler à l'étranger, principalement aux États-Unis, entre 1816 et 1850, et près de neuf millions dans les vingt-cinq ans qui suivent, contre un million d'Européens migrant outre-mer pendant les trois siècles qui séparent 1500 et 1800[14] : le milieu du XIXe siècle marque la plus grande migration de l'histoire européenne.

Dans ce climat où échanges et communications ne cessent de s'intensifier, le libéralisme renaît. Sous sa forme commerciale, avec, le 6 juin 1846, l'abolition des Corn Laws au Royaume-Uni, ces lois protectionnistes qui pénalisaient indirectement les exportations de l'industrie britannique. Le mouvement sera suivi sur le continent. Sous sa forme politique, avec le Printemps des peuples, en 1848, qui franchit « comme un feu de brousse » les frontières et même les continents[15]. En France, la République est proclamée le 24 février 1848. En quelques semaines, les gouvernements de dix États sont renversés, sans parler des répercussions jusqu'en Colombie et au Brésil. Mais un an plus tard, tous les régimes qu'elle avait renversés étaient rétablis, à l'exception d'un seul, en France. « L'année des révolutions demeure seule, telle une ouverture d'opéra coupée de l'œuvre qu'elle annonce[16] », remarque Hobsbawm.

C'est en réalité la bourgeoisie, auxiliaire discrète de la révolution, qui reprend le contrôle et impose la stabilité et la défense de la propriété privée. Le capitalisme moderne est né, le mot fera d'ailleurs son apparition à cette époque. C'est alors le « triomphe d'une société qui croyait que la croissance reposait sur la concurrence et l'entreprise privée, sur l'art de tout acheter (y compris le travail) au meilleur prix pour le revendre aussi cher que possible », analyse l'historien britannique. Un boom allait encore une fois transformer l'économie et la société, et il n'avait rien de commun avec ce qui avait précédé.

Le libéralisme se généralise alors. Toutes les élites, dirigeants politiques, capitaines d'industrie et économistes, recommandent sans relâche la suppression des entraves à la marche des affaires. Partout en Europe, on supprime les guildes, les corporations et leurs privilèges, parfois hérités de plusieurs siècles. Les lois contre l'usure sont abrogées en Angleterre, en Allemagne du Nord, en Hollande, en Belgique. Le sévère contrôle que l'État exerce sur l'industrie minière est levé. La création de sociétés à responsabilité limitée échappe désormais au contrôle bureaucratique. Mais c'est au niveau commercial que le libre-échange se développe, sous l'impulsion des Britanniques, avec le traité franco-britannique Cobden-Chevalier en 1860, l'union monétaire latine entre la France, la Suisse et la Belgique, et d'innombrables accords qui abaissent les barrières douanières. Les contrats de travail ainsi que la pratique syndicale sont également assouplis dans la plupart des pays : l'Europe vit une sorte d'utopie libérale, entretenue par un climat d'optimisme sans pareil et un jet continu de nouvelles technologies. La sidérurgie s'emballe, soutenue par de nouveaux procédés pour fabriquer l'acier à bon marché : en 1848, la société Krupp à Essen comptait 72 salariés, il y en a 12 000 en 1873. En 1866, le premier câble transatlantique permet l'acheminement de communications électriques d'une rive de l'Atlantique à l'autre, notamment celles du télégraphe à impression automatique, ancêtre du télex, breveté en 1860. Au début des années 1870, deux cents téléphones fonctionnent en Europe et un peu plus de trois cents aux États-Unis. La polarisation des communications sur quelques grands axes, les liaisons transatlantiques en particulier, concentrent les populations, ce qui fait croître les villes et les richesses, et augmente les inégalités dans les sociétés occidentales.

L'euphorie alimente une folle spéculation boursière, l'endettement s'accroît. C'est l'époque des escrocs en tout genre, des faillites frauduleuses, des détournements d'épargne. Comme l'écrit un journaliste viennois, « on fonda des sociétés pour le transport par *pipelines* des aurores boréales sur la place Saint-Étienne et la vente exclusive du cirage aux indigènes du Pacifique Sud[17] ». Comme toujours en pareille déraison, un krach se produit, en 1873. Les banques font faillite, les compagnies de chemin de fer disparaissent avec des dizaines de milliers de kilomètres de rail, la moitié des hauts-fourneaux s'interrompt. La Grande Dépression est arrivée. « Elle mina et détruisit les bases apparemment si solides du libéralisme du milieu du XIXe siècle [...] qu'on croyait généralement à l'époque promis à durer indéfiniment tout en s'améliorant sans cesse. » Pendant vingt ans, la croissance économique est proche de zéro, sauf en Allemagne, pays fraîchement constitué par le Zollverein, l'union douanière, où elle s'est poursuivie de façon spectaculaire.

Partout en Europe, le protectionnisme revient : en Russie et en Autriche, en 1874 et 1875, en Espagne en 1877, en Allemagne en 1879… L'insécurité sociale, créée par le libéralisme et le libre-échange, provoque un retour de balancier. En France, c'est l'époque du tarif Méline, qui protège l'agriculture. Sur le plan idéologique, on abandonne ce que les Allemands appelaient le « manchesterisme », c'est-à-dire l'orthodoxie victorienne du libéralisme. Les trusts, cartels et oligopoles remplacent la concurrence, et l'intervention gouvernementale se banalise, alimentant la concurrence entre les nations. Les dépenses de l'État progressent dans tous les pays d'Europe.

Sur le plan politique, les années 1870 voient la résurgence du nationalisme, sous des dehors très différents de celui de 1848. Alors que le Printemps des peuples était alimenté par une forme d'internationalisme et d'idéologie libertaire, les mouvements nationalistes de la fin du siècle exaltent un patriotisme qui affirme la primauté de l'intérêt national. Une nouvelle offre politique se développe, avec des partis nationalistes, des formations démagogiques et antilibérales.

Ces changements profonds de politique accompagnent une transformation tout aussi importante de l'économie : ce sont les marchés intérieurs qui tirent désormais la croissance, portés par une démographie forte. Le monde se referme, doucement et sans drame, après l'une des phases les plus brillantes et les plus sauvages de la mondialisation.

L'âge d'or, 1896-1914

Tout au long de la première moitié du XXe siècle, 1913 restera comme une constante référence, suscitant regrets et nostalgie. Parce que l'économie et la société semblaient aux contemporains avoir atteint un point culminant. Bientôt, tous les grands problèmes de l'humanité seraient levés, pensaient-ils. Hormis en France, victime d'une baisse de la production agricole, 1913 fut l'une des meilleures années du siècle, avec une croissance de 4,5 % en Allemagne et 3,4 % en Angleterre (0,6 % en France seulement).

Keynes décrit ainsi la vie d'un citoyen fortuné de ce temps, dans une page célèbre : « Quel extraordinaire épisode du progrès économique de l'homme, cette époque qui prit fin en août 1914 ! [...] Un habitant de Londres pouvait, en dégustant son thé du matin, commander, par téléphone, les produits variés de toute la terre en telle quantité qui lui convenait et s'attendre à les voir bientôt déposés devant sa porte ; il pouvait, au même instant et par les mêmes moyens, risquer son bien dans les ressources naturelles et les nouvelles entreprises de n'importe quelle partie du monde et prendre part, sans effort ni souci, à leur succès et à leurs avantages espérés ; il pouvait décider d'unir la sécurité de sa fortune à la bonne foi des habitants d'une forte cité, d'un continent quelconque, que lui recommandait sa fantaisie ou ses renseignements. Il pouvait sur-le-champ, s'il le voulait, s'assurer des moyens confortables et bon marché d'aller dans un pays ou une région quelconque, sans passeport ni aucune autre formalité. Il pouvait envoyer son domestique à la banque voisine s'approvisionner d'autant de métal précieux qu'il lui conviendrait. Il pouvait alors partir dans les contrées étrangères, sans rien connaître de leur religion, de leur langue ou de leurs mœurs, portant sur lui de la richesse monnayée. Il se serait considéré comme grandement offensé et aurait été fort surpris du moindre obstacle. Mais, par-dessus tout, il estimait cet état des choses normal, fixe et permanent, bien que pouvant être amélioré ultérieurement[18]. »

L'économie s'était reprise dès le milieu des années 1890. D'un jour à l'autre ou presque, la mystérieuse « grande crise » s'était interrompue, alors que le protectionnisme amorçait son retour en Europe, sans pour autant ralentir les échanges commerciaux. Seuls le Royaume-Uni et les Pays-Bas étaient restés fidèles au libre-échange. L'extraordinaire chute des prix – 40 % au Royaume-Uni – avait libéré une forte augmentation du pouvoir d'achat. Et le flot d'innovations ne se ralentissait pas : la chimie, l'électricité, le pétrole et le moteur à explosion… ou le navire frigorifique, qui permettait le transport de denrées sur de longues distances, unifiant les marchés mondiaux. En 1913, il n'y avait plus un village du globe dont les prix n'étaient pas sous influence de la mondialisation, alors qu'il subsistait des différences considérables d'une place à l'autre en 1820[19]. Entre ces deux dates, le commerce mondial avait été multiplié par vingt-cinq et la production industrielle par vingt !

Les autres facteurs d'unification des marchés ont été l'immigration massive et l'explosion des investissements internationaux. Entre 1825 et 1913, le stock de capitaux à l'étranger passe de 1 à 48 milliards de dollars. Pour près de la moitié, il s'agit alors de capitaux britanniques. L'extraordinaire croissance des fortunes et des inégalités libère de fortes sommes pour les spéculations à l'international, dans le secteur des infrastructures de transport et dans les mines. Le relèvement des barrières douanières se traduit aussi par une croissance des investissements directs, effectués par les firmes elles-mêmes pour se localiser directement sur les marchés étrangers[20].

La planète s'intègre, et il faudra attendre 1987 pour retrouver un niveau de mondialisation comparable à celui du début du XXe siècle. Les effets sur la distribution des revenus en Europe sont considérables. Les salaires britanniques, correspondant à du travail qualifié, grimpent de 20 %, grâce à la chute des prix du transport transatlantique qui développe les échanges et favorise la production anglaise. Alors que ceux de l'Irlande, non qualifiés, s'effondrent. Du coup, les Irlandais migrent en masse aux États-Unis… et y font chuter le prix du travail. Partout en Europe, les revenus des agriculteurs baissent, à cause de la concurrence internationale, sauf dans les pays qui ont mis en place une protection aux frontières.

Si le déclenchement de la Première Guerre mondiale semble presque anecdotique – un attentat en Serbie contre une tête couronnée autrichienne –, les facteurs d'instabilité étaient pourtant nombreux. D'abord, la montée du nationalisme économique, dans un monde qui ne tournait plus autour du Royaume-Uni comme naguère. La puissance britannique est alors victime de la « surexposition impériale[21] », et se trouve confrontée aux ambitions allemandes. Tandis qu'en 1880 elle avait encore l'avantage, elle l'a perdu en 1913, lorsque les exportations allemandes sont bien plus importantes que les siennes. Le Kaiser veut alors « une place au soleil » pour son pays, aiguillonné par le complexe de l'encerclé que connaît toute puissance émergente face à celles qui sont déjà installées. L'Allemagne soutient l'Autriche dans son expédition punitive contre la Serbie, où le prince héritier a été assassiné, mais attaque aussi ses voisins français et anglais, depuis longtemps jugés menaçants. Ensuite, les fortes tensions provoquées par les inégalités entre un prolétariat réduit à une vie de bête, entassé dans les arrière-cours crasseuses du miracle industriel, et les classes favorisées, la petite élite libérale qui profite au contraire du progrès et d'un enrichissement croissant et perpétuel. Et enfin, la dislocation des structures politiques qui avaient garanti la stabilité pendant un siècle. Tous les empires se brisent en même temps. Celui de Chine, renversé par la République en 1911. L'Empire perse, lui aussi victime d'une révolution en 1906. L'Empire ottoman, qui est dans une phase de décomposition avancée avec des soubresauts politiques et des démembrements. L'Empire de Russie, renversé en 1917 par la révolution soviétique. Et l'Empire austro-hongrois, avec la mort de François-Joseph Ier, qui précède de peu la dissolution effective, après un règne de presque soixante-dix ans.

Autant de raisons qui, « tout en faisant de cette époque un âge d'or pour la bourgeoisie, la menèrent à la guerre mondiale, à la révolution, à l'écroulement d'un monde et empêchèrent tout retour au paradis d'antan[22] ». La guerre fit bien sûr voler en éclats l'économie intégrée qui avait annihilé les distances. Les frontières retrouvèrent leur légitimité, et tout autant l'intervention massive de l'État. Dans les premières années du conflit, soixante-six sous-marins allemands détruisirent 2 639 navires civils, dont la moitié étaient britanniques, faisant littéralement couler la mondialisation[23].

Pourtant, au sortir de la guerre, le cycle allait reprendre son développement, à peine infléchi par quatre années d'horreur. Comme s'il avait fallu qu'il aille jusqu'à son terme véritable, défini par son évolution interne et non par un calendrier qui lui était extérieur, celui des hostilités. Dès le milieu des années 1920, l'optimisme revient, surtout aux États-Unis : croissance des cours de Bourse, de l'endettement, boom immobilier, flux d'innovations qui créent la société de consommation. En 1929, l'automobile est devenue le cœur de l'économie, les États-Unis en produisent plus de cinq millions cette année-là. Une usine possède en moyenne mille salariés, et fabrique quatre cents véhicules par semaine… Mais chez Ford, la plus importante société privée du monde, il y a cent vingt mille ouvriers. La production mondiale progresse d'un cinquième dans la seconde moitié des années 1920.

Le système monétaire de l'étalon-or, symbole de la prospérité d'avant 1914, est remis sur pied. En 1928, il compte trente et un pays participants, parmi lesquels figurent les plus importants. La pulsion libérale se réveille, le nombre de démocraties progresse, il atteindra un point haut avant le krach. Et l'Europe ressuscite son projet de fédération continentale, qui niche toujours dans les périodes libérales, après la réconciliation franco-allemande conduite par Aristide Briand et Gustav Stresemann.

Le vrai terme intervient en 1929, avec le krach boursier d'octobre, et les faillites bancaires qu'il déclenche aux États-Unis et en Europe. Cette fois-ci, la mondialisation s'arrête vraiment. La croissance plonge, le commerce mondial, qui avait progressé d'un tiers entre 1924 et 1929, s'effondre et perd tous ses gains entre 1929 et 1932. « Jamais auparavant il n'y eut de retrait si général et si universel de la coopération économique internationale », notent les experts de la Société des Nations en 1932[24]. Le mécanisme de l'étalon-or, avec ses taux de change fixes, transmet et mondialise la crise. À compter de la dévaluation de la livre, en septembre 1931, un deuxième tour de la crise se déclenche, avec des faillites d'États et des dévaluations incessantes. Les États sont impuissants à rétablir l'activité, le chômage gonfle. Ils alternent laisser-faire et politiques de déflation, qui ne font qu'aggraver le mal : la dépression semble provoquer une paralysie intellectuelle des élites. Les aspirations des peuples se transforment alors. La faillite de l'économie libérale et de la démocratie rend séduisants les régimes autoritaires. Hjalmar Schacht, le ministre de l'Économie d'Hitler, éradique le chômage et la dépression en trois ans, les Soviétiques encaissent discrètement les troubles de l'économie, à coups de purges. Les démocraties disparaissent donc au profit de dictatures : l'Italie, l'Espagne, la Hongrie, l'Albanie, la Roumanie, l'Autriche, l'Allemagne, la Bulgarie, la Grèce, l'Estonie… En 1936, tous les pays d'Europe méridionale, orientale et centrale, à l'exception de la Tchécoslovaquie, sont des régimes autoritaires, fournissant « des emplois, le développement industriel, la modernisation et, de façon moins visible, l'orgueil national et la cohésion sociale[25] ». Le repli sur la nation est un mécanisme de défense contre les vices de la mondialisation. Une idée se répand en Europe : tout ce qui franchit les frontières, qu'il s'agisse des hommes, des capitaux et des marchandises, doit être stoppé, ou au moins contrôlé au nom de l'intérêt national. Alors que les frontières de 1913 laissaient passer les voyageurs sans autres documents que leur carte de visite, celles de l'entre-deux-guerres se hérissent de contrôles. Les passeports et les visas réapparaissent, le monde se referme.

CHAPITRE 7

Les saisons du libéralisme

Après la Seconde Guerre mondiale, l'économie mondiale vit sous l'empire des accords de Bretton Woods, qui avaient reconstruit l'ordre monétaire international en rétablissant le contrôle des flux de capitaux et de commerce. Les désastres de l'entre-deux-guerres sont alors présents dans tous les esprits, il importe par-dessus tout d'éviter qu'ils ne se reproduisent. Sur ce socle ferme naissent et prospèrent les Trente Glorieuses.

C'est justement au cœur de ces années de croissance où le chômage et le déficit n'existaient pas que renaît l'aspiration libérale, avec les révoltes étudiantes de 1968. Comme si la génération des baby-boomers, née à partir de 1943, avait alors répondu à un appel mystérieux qu'elle seule entendait, lui enjoignant de secouer ses chaînes et de remettre en cause les frontières, y compris le rideau de fer. Cette génération qui va initier, développer puis dénaturer le cycle libéral actuel.

1969 : Sex, drugs and rock'n'roll

En 1968, partout la jeunesse se soulève. Aux États-Unis, où l'assassinat du pasteur Martin Luther King déclenche une violente série d'émeutes, qui laissent plusieurs dizaines de morts dans les rues. En France, avec les mouvements estudiantins qui commencent à la faculté de Nanterre, au mois de janvier 1968, et s'amplifient en mai, avec les barricades érigées au cœur de Paris. En Tchécoslovaquie, avec l'expérience du « socialisme à visage humain », portée par Alexander Dubček. La jeunesse se déchaîne jusqu'en Chine, où les gardes rouges, parfois des adolescents, vocifèrent dans les rues contre les pouvoirs installés, frappent leurs aînés, les exécutent parfois, au nom de la Révolution culturelle qui doit mettre à bas l'ordre ancien.

Dans le monde entier, la jeunesse hirsute rue dans les brancards que ses parents avaient installés pour elle. Elle se bat contre les règles, les conventions et les codes. Elle rêve d'épanouissement personnel, de liberté individuelle, du droit à penser, à parler, à aimer librement. La pulsion libérale est née, ou plutôt ressuscitée.

Sous la poussée libertaire, les sociétés commencent à changer. Comme toujours, le Royaume-Uni est le plus prompt à saisir l'air du temps. C'est là qu'on légalise l'avortement, en 1968, et qu'on interdit la peine de mort, en 1969. C'est là qu'on invente la musique pop, qui sera l'hymne non pas national, mais mondial des baby-boomers. C'est là qu'éclosent les modes vestimentaires – la minijupe – et capillaires, et qu'on invente le mot d'ordre de la génération : sexe, drogue et rock'n'roll. En 1969, la jeunesse anglo-saxonne organise une gigantesque fête libertaire de plusieurs jours pour communier dans le refus de la société, dans une petite ville de l'État de New York, Woodstock.

C'est aussi en 1969, le 29 octobre, que quelques caractères informatiques transitent péniblement dans un réseau poussif entre l'université de Californie à Los Angeles et celle de Stanford, également en Californie : l'Arpanet, ancêtre d'internet, est inauguré. L'événement passe inaperçu, contrairement à une autre prouesse de la technologie américaine, le débarquement de plusieurs hommes sur la Lune, quelques semaines auparavant, suivi par la terre entière. Les premiers pas du réseau auront pourtant bien plus d'importance que ceux de Neil Armstrong pour la vie quotidienne des Terriens dans le demi-siècle qui suivra.

À la fin des années 1960, la pulsion libérale a ses troupes, la génération des baby-boomers. Elle a son credo, la prévalence de l'individu sur la société. Et son arme, les nouvelles technologies de communication.

1979 : le printemps

La décennie qui s'ouvre verra la pulsion libérale s'amplifier à mesure que la génération qui la porte s'intègre dans la société. En Europe, la vague née avec les mouvements étudiants s'amplifie et investit le terrain politique. En 1974, les colonels qui dirigeaient la Grèce sont renversés et un régime démocratique s'installe, sous la direction de Karamanlis. En 1975, la révolution des œillets éclate au Portugal et fait tomber le régime militaire salazariste qui était au pouvoir depuis les années 1930. Idem en Espagne, où c'est Franco qui meurt en 1975, après avoir confié la transition au roi Juan Carlos qui fera promulguer une Constitution démocratique en 1978. L'Europe connaît alors l'exacte réplique du mouvement des années 1930, mais cette fois c'est la démocratie qui gagne.

En 1979, le libéralisme investit l'économie. C'est en mai de cette année-là qu'une députée du parti conservateur britannique est élue Premier ministre, Margaret Thatcher. À force de réformes souvent brutales, elle inspirera le monde entier, notamment en matière fiscale. Cette même année, Jimmy Carter nomme Paul Volcker à la tête de la Banque centrale américaine. C'est lui qui va vaincre l'inflation, au moyen d'une formidable purge infligée aux États-Unis avec la hausse violente des taux d'intérêt.

En 1980, le camp libéral s'enorgueillit d'un nouveau membre éminent, le président des États-Unis fraîchement élu, Ronald Reagan. Lui aussi redonnera confiance à son pays, après le désastre de la présidence Carter. Reagan exercera une influence considérable sur la déréglementation de secteurs naguère protégés, tels l'énergie, les transports et surtout la finance et les télécommunications. La scission d'ATT, qui disposait auparavant du monopole du téléphone, déclenchera l'essor des technologies de l'information, vecteurs de la mondialisation.

Derrière ces changements et ces figures politiques du libéralisme économique, il y a la pensée et les travaux d'un homme, Milton Friedman. Couronné par le prix Nobel en 1976, cet économiste réputé mondialement a théorisé le retrait de l'État de l'économie, qu'il considère comme la clé de la prospérité et de la liberté. À bien des égards, Friedman est l'antithèse de Keynes. Là où Keynes militait pour la réglementation, le rôle de l'État, le soutien à l'économie nationale, la monnaie asservie à la croissance, Friedman préconise au contraire la concurrence, les privatisations, la lutte contre l'inflation par le contrôle de la création monétaire et la suppression des entraves frontalières. Ces deux-là sont comme le jour et la nuit. L'un est une figure inspirée par les temps sombres qu'il a traversés, l'autre est au contraire le prophète d'une éclaircie. Friedman conseille Reagan durant toute sa présidence et fonde une école de pensée qui domine la science économique jusqu'à la crise du début du XXIe siècle.

L'onde libérale, née dans le monde anglo-saxon, se propage jusqu'en Chine, avec les réformes économiques lancées par le « petit timonier », Deng Xiaoping, le 13 décembre 1978. Curieuse synchronie, qui fait adopter des politiques d'orientations semblables aux deux géants qui bordent le Pacifique, les États-Unis et la Chine, presque au même moment. Dès 1979, la Chine entre dans l'économie de marché, décollectivise les campagnes, ouvre des zones économiques spéciales, sortes d'enclaves capitalistes qui deviendront des laboratoires pour expérimenter la transition libérale. Elle s'ouvre aux « diables étrangers », acceptant de commercer avec eux. La mondialisation commence.

L'Europe est tout à son projet interne. Elle a accueilli le Royaume-Uni, les jeunes démocraties du Sud patientent encore à la porte mais elles seront bientôt intégrées. Le monde sans frontières va s'élargir. Et le continent met en place en 1979 le système monétaire européen (SME), qui se substitue au « serpent monétaire ». Il s'agit d'un mécanisme qui lie entre eux les taux de change des devises européennes, chacun pouvant fluctuer dans une marge étroite. Le SME constitue la première étape de la longue marche vers l'union monétaire, il nécessite une coopération poussée entre les différentes banques centrales, qui mutualisent leurs ressources pour stabiliser les cours de change à l'intérieur de la zone. Parallèlement, l'Europe crée l'European Currency Unit, l'écu, qui préfigure la monnaie unique dont rêvent les dirigeants du Vieux Continent pour parachever l'union « toujours plus étroite » entre eux, selon les mots du traité de Rome. Le terme « écu » plaît beaucoup en France, car il rappelle des temps glorieux. En revanche, il écorche les oreilles des Allemands, pour lesquels il sonne comme le mot « vache » dans la langue de Goethe. Peut-être y avait-il déjà la crainte de l'Allemagne d'être prise pour la vache à lait de l'Europe… Mais Helmut Schmidt, le chancelier fédéral d'Allemagne, passe cette fantaisie à son partenaire et allié, le président français Valéry Giscard d'Estaing.

1989 : l'été

Dix ans plus tard, la génération des baby-boomers est installée dans la vie. Les plus jeunes de la cohorte approchent trente ans, les aînés entrent dans la maturité. Ils avaient commencé leur vie en répudiant la société de consommation, les voici qui en profitent comme jamais ne l'ont fait leurs parents. Eux qui se voulaient communautaires sont devenus narcissiques, obsédés par la réussite, l'argent, les voitures étincelantes, les corps soigneusement entretenus. Les années 1980 signent la fin du collectif. Les partis s'effondrent, les syndicats s'étiolent, les corporations périclitent, les appartenances se dissolvent : c'est la société de liberté.

En 1985, le Français Jacques Delors est nommé à la tête de la Commission européenne. Il époussette le traité de Rome et lui donne un projet, le marché unique. Il s'agit de réaliser le « programme des quatre libertés » : liberté de circulation au sein du grand marché, pour les hommes, les biens, les services et les capitaux. En clair, supprimer les frontières. Avec beaucoup d'intelligence et de savoir-faire politique, Delors utilise la vague libérale pour faire avancer l'intégration européenne. Si la mondialisation s'amorce, pense-t-il, il faut l'apprivoiser sur le continent, en en faisant une sorte de modèle réduit avec des règles de fonctionnement, celles du marché unique. Un nouveau traité sera signé peu après, qui enjoint à tous les membres de l'Union de se préparer pour le 1er janvier 1993, date à laquelle l'espace unique sera achevé. Comme toujours, la construction européenne progresse dans les phases libérales, parce qu'elle est, par nature, le désir de dépasser les frontières et l'appartenance nationale.

La décennie se clôture avec la chute du mur de Berlin, le 9 novembre 1989. L'autre Europe, dite de l'Est, recluse et enfermée derrière le rempart de béton sale, est touchée à son tour par l'onde libertaire. Elle met à bas les régimes communistes. En quelques semaines, la totalité des dictatures communistes s'effondrent, sous la poussée démocratique.

Au sens propre, les hiérarques abandonnent leur poste.

La révolution technologique a joué un rôle éminent dans cette guerre victorieuse. La télévision satellitaire franchit en effet les frontières et informe les citoyens de l'Est sur ce qu'ils ratent. La liberté, certes, mais aussi la société de consommation, justement celle qui était critiquée par les enfants gâtés de l'Ouest, vingt ans plus tôt. « Peut-être le plus grand mystère de la guerre froide est-il que le paradis des travailleurs s'est trouvé dans l'incapacité de produire une paire de jeans acceptable[1] », note avec humour l'historien Niall Ferguson. Pendant presque un demi-siècle, le monde occidental a accumulé des chars et des ogives pour contrer les troupes du pacte de Varsovie, il remporte la victoire sans combattre, avec des armes pacifiques, une paire de jeans pour faire rêver et le circuit intégré pour diffuser l'information.

C'est l'événement le plus important de la seconde moitié du siècle. Il a plusieurs conséquences qui vont favoriser le décollage de la mondialisation. D'abord, le capitalisme n'a plus d'ennemi. Ou, mieux, l'ennemi a lui-même reconnu la supériorité de l'économie de marché, par le mouvement spontané des peuples qui se sont précipités vers l'Ouest : ils ont voté avec leurs pieds, en défilant à Leipzig par exemple, pour faire tomber le régime de la RDA. L'Occident, Amérique en tête, devient encore plus légitime à considérer qu'il dispose du meilleur système au monde. Ensuite, le risque disparaît. Les milliards engloutis dans la préparation de la troisième guerre mondiale pourront être investis ailleurs, les entreprises chercheront la croissance au loin sans redouter l'embrasement.

Sous la tutelle de l'« hyperpuissance » américaine – selon le mot d'Hubert Védrine –, un espace mondial s'ébauche, avec des règles communes et surtout une foi partagée dans le marché. Comme toujours, la mondialisation se développe dans ces périodes de calme inhabituel, dominée par un empire qui unifie la planète. Et enfin, les frontières s'abaissent encore. L'onde libérale était venue buter sur le rideau de fer, elle le renverse et se propage. Les deux Allemagne suppriment leur frontière commune, à compter de 1990. L'Europe se prépare à accueillir les « PECO », pays de l'Europe centrale et orientale, comme on les appelle dans le jargon communautaire de Bruxelles. Jacques Delors est missionné pour élaborer un rapport sur l'union monétaire, qui débouchera sur le traité de Maastricht, signé en décembre 1991.

Une brève récession intervient au début des années 1990, mais elle n'atteint pas durablement l'optimisme qui prévaut alors. Climat singulier, saisi par Francis Fukuyama dans un livre, *La Fin de l'Histoire et le dernier homme*[2]. L'économie, dit-il, « est capable de relier physiquement des sociétés différentes à travers le monde entier par la création de marchés mondiaux, et de susciter des aspirations et des espérances économiques parallèles dans un grand nombre de sociétés différentes ».

À l'autre bout de la planète, l'ouverture de la Chine connaît un coup d'arrêt : le massacre de plusieurs centaines d'étudiants sur la place Tiananmen, et le limogeage des « libéraux » de Pékin. Cet épisode sanglant n'arrêtera pourtant pas la Chine. Dès l'hiver 1992, Deng Xiaoping fait un voyage dans le Sud lors duquel il exhorte les masses à accélérer les réformes. En 1992, la croissance approche 15 %. En 1993, les investissements étrangers en Chine dépassent cent milliards de dollars. Une myriade d'ateliers vrombissent, dans le delta de la rivière des Perles, au sud du pays. La Chine devient l'usine du monde.

1999 : l'automne

« Cette fois, c'est différent. » Voilà les quelques mots qu'on entend dans les cercles académiques de l'économie, où les spécialistes s'émerveillent de l'incroyable météorologie qui prévaut sur la planète : une croissance forte et régulière, pas d'inflation, une hausse continue du prix des actifs, immobilier et cours boursiers. Cette série d'années paisibles défie les lois de l'économie et les observations de l'histoire – c'est du moins ce que l'on croit alors. « Je ne vois pas un nuage à l'horizon », disait Joseph Stiglitz, alors conseiller à la Maison-Blanche, à l'auteur de ces lignes qui l'interrogeait sur les perspectives pour l'économie américaine. Une étrange théorie fleurit, affirmant que les cycles auraient disparu. C'est la « nouvelle économie ». Mondialisation et nouvelles technologies se seraient conjuguées pour rendre la croissance plus régulière, grâce à l'information partagée par tous les Terriens désormais connectés par l'internet qui se développe de façon galopante.

Nombreux sont les économistes croyant alors à ces fadaises, reproduisant les illusions qui se répandent, juste avant les krachs. Durant les années 1990, le Dow Jones, l'indice des valeurs cotées à New York, voit son cours multiplié par 3. Celui du Cac 40, son homologue parisien, connaît une envolée comparable, alors que rien ne justifie de telles progressions sinon l'optimisme général. L'indice français approchera même les 7 000 points – quinze ans plus tard, il végète à 4 000. C'est la bulle technologique qui excite les esprits. Yahoo, Amazon, puis Google sont les noms des héros de ces temps nouveaux. Les start-up prolifèrent, les investisseurs se précipitent pour acheter des actions d'entreprises qui ne gagnent pas un kopeck et… perdre leur mise. C'est l'heure de l'« exubérance irrationnelle », pour reprendre une formule de Robert Shiller, un économiste américain qui montre alors que le prix des actions ou celui du mètre carré d'un logement ne saurait s'écarter durablement de la croissance de long terme de l'économie sans risquer une correction sévère. Celle-ci se produit, en mai 2000. Le patron de la Federal Reserve d'alors, Alan Greenspan, adoré par les financiers qui profitent à plein de sa politique, baisse les taux d'intérêt pour éviter une trop forte rupture de l'activité.

En 1999, l'Amérique démantèle le Glass-Steagall Act, une loi bancaire introduite sous la présidence Roosevelt durant la crise des années 1930 qui établissait une cloison infranchissable entre les banques d'affaires et les établissements de crédit et de dépôts. L'idée de Roosevelt était simple : protéger l'activité bancaire classique, qui finance l'économie réelle, de façon qu'elle ne pâtisse pas des pertes enregistrées par la spéculation, comme cela avait été le cas après le krach de 1929. Sous la pression continue des lobbyistes fortunés de la finance, l'administration démocrate de Bill Clinton finit par céder. Un vaste supermarché de la finance se crée alors, Citigroup, qui avait œuvré en coulisse pour faire sauter la muraille qui l'empêchait de grandir. Les dirigeants empochent des rémunérations de dizaines de millions de dollars.

Le consommateur américain plonge sans retenue dans le crédit, enfonçant le seuil de 100 % du pib pour la valeur de son endettement. Il ira bien au-delà peu après, au milieu des années 2000, lorsque la fatale mécanique des *subprimes* atteindra son plein régime. Un acquéreur d'un bien immobilier se voit alors attribuer un prêt pour le financer à 100 %, sans qu'on contrôle en rien ses capacités de remboursement. Car le prêteur n'a cure d'être remboursé, il se fait rémunérer avec une commission et cède aussitôt l'engagement à un « grossiste », une banque d'affaires qui se trouve propriétaire de la créance. Le grossiste agglomère plusieurs prêts de ce type et les fait certifier par une agence de notation qui déclare le produit financier solide, sans avoir la moindre idée de la réalité – elle aussi est rémunérée par une commission substantielle. Et le tout est vendu aux épargnants du monde entier, avec commission, le risque étant ainsi disséminé dans tous les recoins de la planète. La « titrisation » est née, qu'on aurait pu baptiser déresponsabilisation générale.

C'est en 1999 que l'Europe lance sa monnaie unique, l'euro. Les taux de change sont fixés irrévocablement, mais les étranges billets représentant des monuments qui n'existent pas ne seront mis en circulation que trois ans plus tard, en 2002. Une gigantesque bulle immobilière se gonfle dans la plupart des pays européens, à l'exception de l'Allemagne. En 2001, la Chine entre à l'Organisation mondiale du commerce, ce qui augmente encore ses facilités pour exporter. Les liens commerciaux et financiers entre la Chine et les États-Unis se développent avec une intensité sans précédent depuis un siècle.

Durant ces années, la fièvre emporte l'esprit des chefs d'entreprise. La « création de valeur » devient l'étalon de la réussite, c'est-à-dire la progression du cours de la Bourse. Cours en réalité soulevé par un puissant courant qui ne fait pas la distinction entre les entreprises rentables et les marchands de sable. Les revenus des patrons explosent, c'est l'âge d'or des *stock-options*. Comme la rémunération des dirigeants dépend directement de la Bourse, ils concentrent tous leurs efforts pour séduire les marchés financiers. Ils multiplient les acquisitions à crédit, pour gonfler artificiellement la rentabilité de leur entreprise. En 1999, Vivendi achète ainsi Universal, sous la houlette d'un haut fonctionnaire reconverti dans les affaires, Jean-Marie Messier. Quelques années plus tard, c'est le désastre, pour cette fusion comme pour la plupart de celles qui ont été décidées à cette période d'euphorie : Daimler-Chrysler, Time-AOL… Toutes se solderont par des milliards de dollars de perte. Une petite classe de rentiers va s'enrichir dans des proportions qui dépassent l'entendement : les banquiers de haut vol, les artisans du « private equity » qui tronçonnent les entreprises pour les revendre par morceaux, les patrons d'entreprises cotées.

L'âge libéral entre dans sa phase de décomposition. Tout est prêt pour le krach.

2009 : l'hiver

Le 9 août 2007, les premiers sifflements se font entendre dans l'édifice branlant de la finance mondiale. Voilà déjà un an que les prix des maisons baissent aux États-Unis, provoquant des défaillances dans les remboursements de prêts. Peu à peu, les pertes se diffusent dans le système financier mondial : des dizaines, puis des centaines de milliards de dollars. Le 15 septembre 2008, c'est la faillite d'une banque d'affaires américaine, Lehman Brothers, qui provoque un arrêt de l'économie mondiale. Citigroup, le fameux supermarché de la finance, doit être renfloué par l'État américain, pour quarante-cinq milliards ! Dans tous les pays du monde, la production et le commerce international plongent, les flux de capitaux se tarissent. La mondialisation fait un infarctus.

L'histoire commencée avec les mouvements estudiantins et la grande fête de Woodstock, quarante ans plus tôt, s'achève avec un effondrement retentissant. En novembre, la Chine et les États-Unis initient de part et d'autre du Pacifique le plus grand plan de relance budgétaire de l'histoire, pour prendre en tenaille la récession. L'Europe suit mollement. Toutes les banques centrales baissent leurs taux d'intérêt, dans l'espoir de ranimer la flamme malingre de l'activité. La croissance repart en effet, timidement. Mais à la fin 2009, un nouveau choc se produit, la crise des dettes publiques en Europe. La zone euro peine à trouver la parade et aligne les « sommets » improductifs. Des plans de sauvetage sont mis au point dans l'urgence, pour des centaines de milliards d'euros.

À compter de 2012, les États-Unis semblent repartir. Le taux de chômage baisse, en grande partie parce que de nombreux chômeurs se découragent et ne sont donc plus comptabilisés. La quantité d'emplois aux États-Unis, après avoir chuté considérablement pendant la Grande Récession de 2009, ne se reconstitue pas. En Europe, l'activité est nulle et le chômage entame une ascension sans précédent, en particulier au sud du continent, à la suite de politiques d'austérité qui contrarient la faible reprise. Les outils économiques et monétaires semblent émoussés, les pouvoirs politiques sont chassés dès qu'il y a une élection. En 2013, la troisième étape de la crise se produit, avec le ralentissement simultané de tous les marchés émergents, qui avaient jusqu'alors semblé défier la loi de la gravité.

Six ans après le début de la crise, la dette publique a augmenté d'un tiers en moyenne dans le monde occidental. En Europe, le chômage est à son plus haut. Nombre de pays n'ont pas même retrouvé le niveau de production d'avant la crise. Au premier trimestre 2013, l'Italie a ainsi produit 8 % de richesses de moins que durant la même période de 2008. La France parvient tout juste à retrouver ce seuil, mais avec une population qui a progressé de 1,3 million d'habitants : le pib par tête a chuté sur cinq ans. C'est sans précédent depuis l'entre-deux-guerres. Dans la plupart des pays européens, les partis extrémistes ou nationalistes gagnent du terrain. Les scandales de corruption et d'enrichissement sans cause se multiplient, dévastant les classes politiques traditionnelles et les élites.

Nous en sommes là. Au cœur de l'hiver. Héritiers d'un cycle libéral finissant. Le monde d'après est très probablement en train de naître sous nos yeux. Pour le distinguer, encore faut-il accepter de nous départir de nos préjugés.

TROISIÈME PARTIE

Le protectionnisme, une solution ?

CHAPITRE 8

Trois idées reçues sur le protectionnisme

Il existe une littérature incroyablement abondante sur le commerce international. D'innombrables ouvrages, études et autres « working papers » véhiculent et reproduisent les a priori de leur époque et de leur génération : un attachement pour le libéralisme. À y regarder de plus près, des traits surprenants apparaissent cependant. Les travaux les plus sérieux, les faits consignés par les historiens de l'économie les plus rigoureux ne valident pas du tout la thèse dominante chez les économistes. Lorsqu'on se départit de l'idéologie, lorsqu'on approche la réalité sans les croyances ou les superstitions qui déforment l'analyse, alors une évidence saute aux yeux. Le protectionnisme est beaucoup plus fréquent que le libre-échange, et la plupart du temps, il a des conséquences favorables sur la croissance. À l'inverse, le libre-échange ne produit *quasiment jamais* seulement des effets positifs pour le pays qui le pratique. Alors que le monde peine à sortir d'une crise qui s'étire depuis déjà six ans, alors que les outils budgétaires traditionnels sont inexploitables, que l'arme monétaire est émoussée, alors que les dirigeants du monde entier sont à la recherche d'idées neuves pour remettre la planète en route, le protectionnisme reste un tabou.

Pour l'observateur impartial, les réactions extrêmes que déchaîne cette option de politique économique lorsqu'on l'évoque s'apparentent à de l'hystérie. Une sorte de phobie intellectuelle, dont est frappée une bonne partie de l'élite européenne, française en particulier. Phobie explicable pour les banquiers ou les patrons de grandes entreprises mondialisées, qui profitent du libre-échange dans des proportions financières sans équivalent dans les cent dernières années. Faut-il y voir, pour reprendre les mots cruels et assez justes de Larry Summers, la réaction d'« élites sans patrie qui ont fait allégeance à la mondialisation économique et à leur propre prospérité, plutôt qu'aux intérêts de la nation où elles vivent[1] » ? Il leur faudrait beaucoup d'abnégation pour se détourner d'un système auquel elles doivent une partie substantielle de leurs revenus.

La religion libre-échangiste des économistes est moins facile à comprendre, pour deux raisons. D'abord, ils en tirent moins d'avantages que les dirigeants d'entreprise. Encore faut-il faire le distinguo entre les professionnels parlant et écrivant en anglais, qui ont accès au marché mondial, peuvent s'y faire reconnaître et perçoivent les rémunérations en rapport avec ce statut, et les autres, exerçant leur magistère sur le marché secondaire du français. L'autre raison a été évoquée : nombre de travaux, émanant d'économistes réputés, sont en contradiction flagrante avec la vulgate de la majorité des spécialistes actuels de l'économie. À croire que les uns ne lisent pas avec beaucoup d'attention les travaux des autres.

Quant au cas spécifique de la France, il faut parler des hauts fonctionnaires, infatigables et zélés partisans de l'ouverture internationale. Des technocrates brillants qui conduisent la politique économique de la nation, du haut du ministère des Finances, de la Banque de France ou des organisations internationales dans lesquelles ils sont dépêchés, Banque mondiale, Banque centrale européenne, Organisation mondiale du commerce ou Fonds monétaire international. La France s'est construit une spécialité de niche, la fabrication de hauts fonctionnaires internationaux. Et elle en exporte à jet continu, de Michel Camdesssus, ex-directeur du Trésor devenu patron du FMI, à Jean-Claude Trichet, qui a présidé la BCE, ou Pascal Lamy, ex-directeur général de l'OMC. Comment expliquer leur attachement au dogme, eux qui ont été formés pour le service de l'État, et non pas celui des multinationales ? Le démographe et essayiste Emmanuel Todd avance une explication : « Les fonctionnaires étaient, jusqu'à une époque récente, à peu près protégés des tumultes du marché mondial ; leur insensibilité relative aux délocalisations vient tout simplement du fait que l'État français ne risque pas d'être délocalisé[2]. » On pourrait d'ailleurs en dire autant des journalistes économiques, qui sont – encore – protégés de la mondialisation par la barrière de la langue, et probablement plus enclins à défendre le libre-échange que s'ils en étaient victimes. Et les professeurs d'économie, rappelons-le, sont des fonctionnaires.

Au-delà des intérêts des uns et des autres, reste l'influence idéologique de la génération libérale, qui est au faîte de sa domination. Le libre-échange n'est que l'une des expressions de la révolution qu'elle a déclenchée, c'est l'ambiance idéologique dans laquelle elle s'est développée. À l'inverse, le protectionnisme est aux antipodes de ses croyances et de ses illusions.

Certes, cette pulsion libérale va disparaître, à cause de l'effacement démographique de la génération qui la porte et des effets idéologiques de la crise, qui déclenche mécaniquement un retour de balancier. Mais le libéralisme a de beaux restes. Sans doute cette génération a-t-elle, grâce aux progrès de la médecine, une vitalité et une combativité tout à fait inhabituelles pour son âge. Elle ne veut pas laisser la place – à l'image de son représentant le plus emblématique, Johnny Hallyday qui, quoique septuagénaire, enchaîne les tournées d'adieux depuis dix ans… La relève des générations, processus essentiel dans la résolution des crises, est différée par le retardement de l'âge de la retraite et l'allongement de la durée de vie en bonne santé. Aussi va-t-on assister, dans les années qui viennent, à un combat entre les forces déclinantes du libéralisme et les forces montantes du protectionnisme. Examinons les arguments contre le second comme autant d'idées reçues qu'il faut désormais discuter.

« Le protectionnisme crée des rentes injustifiées »

En protégeant le marché intérieur de la concurrence internationale, que ce soit avec des taxes aux frontières ou des réglementations interdisant à l'État d'acheter des produits fabriqués à l'étranger, on encourage la paresse naturelle de l'entrepreneur, qui ne sera pas aiguillonné pour améliorer son produit. Pourquoi innoverait-il et ferait-il baisser ses prix s'il est assuré de vendre quoi qu'il arrive ? Les partisans du libre-échange utilisent souvent l'exemple de l'Union soviétique. Le bloc de l'Est fabriquait tout un tas de produits presque identiques à ceux de l'Ouest, des voitures, des télévisions. Dans ce « presque » tenaient pourtant la moindre qualité et l'absence de désirabilité des objets… Caractéristiques que possédait la production occidentale, grâce à la concurrence, qui met sous pression le producteur, disent les libre-échangistes. Et sans laquelle nous risquerions une « perte prohibitive d'efficacité économique », selon les mots de François Bourguignon[3].

C'est possible. Encore faut-il reconnaître que le libre-échange a aussi ses rentiers : les détenteurs de capital et les individus les mieux formés, qui sont bien rémunérés ; les grandes entreprises mondialisées, qui profitent de coûts salariaux abaissés et ne payent pas (beaucoup) d'impôt ; les financiers, payés de façon absurde pour une activité qui n'a aucune utilité sociale, voire qui est au contraire prédatrice et préjudiciable à la stabilité – nous parlons ici non pas de la collecte de dépôts et de prêts, mais de l'invraisemblable collection d'activités de marché directes ou dérivées.

Entre ces deux rentes, celle du protectionnisme et celle du libre-échange, laquelle est la plus tolérable ? La moins scandaleuse ? La plus utile ? Tout dépend des pays et des époques. La conversion de l'Angleterre au libre-échange ne doit rien à une subite révélation de l'intelligence. Et pas davantage à la morale. Au début du XXe siècle, après la victoire sur Napoléon, l'Angleterre est encore protectionniste, afin de préserver le secteur agricole. Mais les effets de la révolution industrielle se diffusent peu à peu et sont d'autant plus spectaculaires que le pays est le seul à les connaître avec une telle ampleur. Il bénéficie alors d'un avantage comparatif industriel considérable, dont les entrepreneurs veulent profiter. Après trente ans de lobbying, et alors que l'industrie occupe une part croissante de l'économie, les défenseurs du libre-échange emportent la partie en 1846. Cette année-là, l'agriculture n'emploie plus que 22 % de la population active, alors que l'industrie fait travailler 37 % des Britanniques. Il s'agissait donc d'un intérêt bien compris, c'est-à-dire du passage d'une rente à l'autre, plus utile et plus efficace. De ce point de vue, libre-échange et protectionnisme sont à égalité.

« Le protectionnisme déclenche les crises économiques »

C'est l'argument le plus fréquent. Il s'appuie sur une lecture fallacieuse des années 1930, qui s'est peu à peu imposée pour se substituer aux faits historiques. Après les krachs boursier et bancaire, la dépression économique s'est étendue, quoique de façon très inégale selon les pays. La première réaction des gouvernements a été d'entreprendre une politique de déflation voisine de l'actuelle austérité pratiquée par l'Europe du Sud, afin de rétablir la compétitivité. À l'époque, ce n'est pas l'Union économique et monétaire européenne qui contraint ainsi les gouvernements, mais le bloc-or – également un système de changes fixes. Ces politiques n'ont pas réussi. L'activité n'a fait que chuter davantage, aux États-Unis en particulier. Or, les premiers pays à sortir de la crise ont justement été ceux qui ont remis en cause les règles du libre-échange. Dans les pays du camp libre, avec la Grande-Bretagne qui dévalua la première, en septembre 1931, et les États-Unis qui quittèrent à leur tour le bloc-or, sous l'impulsion de Roosevelt, en 1933. Dans le camp des fascistes, avec la politique autarcique du ministre de l'Économie d'Hitler, Hjalmar Schacht, ou celle de Takahashi Korekiyo, son homologue japonais. Et enfin dans le camp communiste, avec l'autarcie de l'Union soviétique qui l'a isolée des convulsions du capitalisme.

Le protectionnisme n'a pas été une cause de la grande crise, il l'a au contraire en partie soignée, comme l'explique l'économiste français Maurice Allais : « La Grande Dépression de 1929-1934 [...] a eu une origine purement monétaire et elle a résulté de la structure et des excès des mécanismes du crédit. Le protectionnisme en chaîne des années 1930 n'a été qu'une conséquence et non une cause de la Grande Dépression. Il n'a constitué partout que des tentatives des économies nationales pour se protéger des conséquences déstabilisatrices de la Grande Dépression d'origine monétaire[4]. »

Il n'a pas été davantage la cause du fascisme, comme on l'entend souvent. Ce sont au contraire les violentes politiques de déflation, impuissantes à rétablir la croissance et la confiance, comme celle qu'a conduite le chancelier Heinrich Brüning, de 1930 à 1932. Ou les politiques libérales qui les ont précédées, indifférentes aux stress que provoquait la mondialisation sur la société. « La modernisation continue de l'Europe a écrasé de plus en plus les classes moyennes, en particulier les petites entreprises et les fermiers. Ces groupes marginalisés ont constitué la base populaire des mouvements fascistes qui arrivèrent au pouvoir dans l'entre-deux-guerres », note ainsi Jeffry Frieden[5]. Ils avaient toujours été les victimes intermittentes des vagues de mondialisation. Mais cette fois-ci, à cause de la Première Guerre mondiale, qui avait ébranlé l'ordre social, à cause de la montée du suffrage universel, les victimes se sont vengées en portant au pouvoir des régimes autoritaires qui les défendaient. Emmanuel Todd estime de son côté que, sans les économistes libéraux qui dominaient la pensée économique avant l'émergence de Keynes, l'Allemagne n'aurait pas attendu Hitler pour vaincre le chômage[6].

On observe le même effet curatif du protectionnisme durant la grande stagnation, à la fin du XIXe siècle. Pour l'historien de l'économie Paul Bairoch, la crise démarre au plus fort du libéralisme et se termine « vers 1892-1894, juste au moment où le retour au protectionnisme devenait effectif en Europe continentale[7] ». Pendant les vingt années que dure cette crise de croissance, l'activité est deux fois plus forte dans les pays protectionnistes qu'au Royaume-Uni : 1,5 % par an en moyenne, contre 0,7 %.

Non seulement l'activité commerciale ne fut pas interrompue sur le continent, mais c'est justement dans les pays protectionnistes qu'elle connut son essor le plus remarquable, poursuit Bairoch. Une preuve de plus que ce n'est pas le commerce qui crée la croissance, mais bien l'inverse : un pays dont l'activité accélère, grâce à la croissance de sa productivité, à la découverte d'une rente de matière première ou à la pertinence de sa politique industrielle, se met à échanger. Alors que le fait de commercer n'est pas, en soi, un moteur. Ce qui signifie que pour faire décoller un pays, rien ne sert de libéraliser et d'abaisser les frontières. Cela peut même être contre-productif, comme le rapporte Dani Rodrik dans une étude comparative[8]. Ainsi Haïti a été l'enfant modèle du libéralisme, abaissant ses droits de douane et supprimant toutes les barrières non tarifaires, devenant membre de l'OMC, à l'opposé du Vietnam, non admis à l'OMC parce qu'il a maintenu des tarifs compris entre 20 et 30 % et conservé le monopole de sociétés publiques pour l'importation. Le premier a végété, voyant ses indicateurs humains fondamentaux se détériorer, tandis que le second a aligné des taux de croissance de 8 % annuels en moyenne… Certes, d'autres facteurs ont sans doute joué pour expliquer la dérive d'Haïti. Mais, outre ces deux pays, de nombreux exemples ne plaident guère pour la libéralisation. L'Amérique latine, notamment, elle aussi enfant modèle du Fonds monétaire, a été la première à libéraliser son économie et son commerce pour n'en être guère récompensée sinon par une crise de la dette et une violente alternance entre la surchauffe et le krach.

Les études disponibles ne révèlent aucune relation entre le niveau des droits de douane et le taux de croissance économique. La seule relation solide associe le niveau de richesse avec le montant des tarifs douaniers : plus un pays est développé, moins il se protège. C'est ce qui explique, on l'a vu, la conversion des Britanniques au milieu du XXe siècle. Conversion souvent mal interprétée. À cette époque, la progression de l'économie britannique, plus forte que celle des autres, fournissait un argument de poids aux partisans du libre-échange, selon Bairoch : « Le pays le plus développé était devenu le plus libéral, ce qui permettait d'attribuer la réussite au système du libre-échange, alors que le lien de causalité était précisément inverse[9]. »

Il n'y a pas davantage de pays qui ait vu sa croissance décoller pour s'être ouvert aux flux de capitaux internationaux. Il faut encore ici se reporter aux travaux de Dani Rodrik, qui a compilé de nombreuses études sur ce thème, et dont la conclusion est sans appel : « La mondialisation financière n'a généré ni progression de l'investissement, ni croissance plus élevée dans les pays émergents. Ce sont les pays les moins dépendants des flux de capital international qui ont connu la croissance la plus forte [...]. Une politique économique efficace va bien souvent contrer la marée des flux de capitaux, plutôt que l'encourager[10]. »

« Avec le protectionnisme, la Chine ne se serait jamais développée »

Jamais un pays n'aura connu une ascension si rapide que la Chine. À l'orée des réformes, en 1979, elle ne comptait que pour 5 % du pib mondial – alors qu'elle représentait entre 25 et 30 % de cette richesse planétaire jusqu'en 1840, selon les calculs d'Angus Madisson. Trente ans plus tard, elle est remontée à 17 % de l'activité économique mondiale. La progression des exportations est encore plus spectaculaire, passant de quasiment rien à la fin de la Révolution culturelle à plus de 2 000 milliards de dollars en 2012, c'est-à-dire autant que le pib de l'Italie.

L'explication la plus commune de ce succès est l'ouverture internationale. Elle doit pourtant être relativisée. Et même contrariée. Tout d'abord, la croissance en Chine a commencé avec les réformes dans les campagnes et la libéralisation des marchés agricoles. Il n'était pas question alors de commerce international. Ce qui corrobore une fois de plus la thèse de Bairoch, selon laquelle c'est bien la croissance qui crée le commerce et non le contraire. Ensuite, si c'est bien le libre-échange qui a favorisé la croissance chinoise, il s'agit de notre libre-échange, et pas du sien. Nous avons ouvert grands nos marchés, d'abord avec la clause de la nation la plus favorisée à l'époque du GATT, renouvelée chaque année par le président Clinton, puis en prenant acte de l'entrée de la Chine dans l'OMC, à partir du 11 décembre 2001. Entrée qui s'est accompagnée de contraintes factices pour elle, puisque sa monnaie, le yuan, est artificiellement dévaluée par la Banque de Chine. En apparence, la Chine a accepté les règles de la communauté internationale. En réalité, elle les a contournées en manipulant sa monnaie.

Les économistes peuvent proposer des théories sur l'efficacité du commerce international pour sortir de la misère des centaines de millions de paysans, le succès chinois s'explique d'abord par la dissymétrie de l'ouverture. C'est-à-dire par une gigantesque arnaque, entretenue par les rêves des Occidentaux sur le « plus grand marché du monde », que les dirigeants de Pékin font miroiter depuis trente ans. Jusqu'au début des années 1990, la Chine possédait des tarifs douaniers parmi les plus élevés de la planète, allant jusqu'à 200 %. Le commerce extérieur ainsi que les investissements étrangers faisaient – et font toujours – l'objet de réglementations complexes, destinées à protéger les acteurs nationaux. La copie, voire le vol de technologie, associés à l'ignorance délibérée de la propriété intellectuelle ont également aidé sensiblement les firmes locales. Il faut ajouter à cela la subvention du secteur productif. Le tout a déclenché un surinvestissement considérable, qui explique davantage la croissance que les exportations.

On peut noter une autre caractéristique de la voie chinoise, qui ressemble à celle qu'ont empruntée avant elle le Japon, la Corée du Sud et Taïwan. La théorie libérale classique, celle des avantages comparatifs, nous enseigne qu'un pays va développer les secteurs et les produits pour lesquels il est mieux armé que les autres, soit grâce à son sous-sol – des matières premières –, à son climat, à sa culture et bien évidemment à ses coûts du travail. La Chine aurait donc dû se spécialiser, et se cantonner, aux secteurs à faible valeur ajoutée comme le textile, pour lesquels elle avait un avantage, le travail peu qualifié bon marché. Or, ce n'est pas ce qu'elle a fait. Au contraire, elle est parvenue en peu de temps à améliorer ses qualifications et ses techniques, et possède aujourd'hui un portefeuille de produits à l'exportation bien plus sophistiqués que ce qu'aurait prévu l'analyse. En particulier dans l'électronique, où elle a monté des chaînes de composants d'une réactivité et d'une qualité qui ont séduit tous les industriels du monde, y compris les plus exigeants sur les fonctionnalités et le design, comme Apple ou Samsung. Ou encore dans l'industrie de la télévision, où elle crée une valeur ajoutée par produit supérieure à celle de la Corée. Mais aussi dans l'automobile, où les sous-traitants chinois sont désormais des rivaux sérieux pour ceux du monde occidental. La Chine fabrique des biens qui sont généralement associés à un niveau de productivité largement supérieur à celui d'un pays au revenu par tête comparable au sien.

Une telle bizarrerie ne s'explique pas par la « main invisible » d'Adam Smith, celle du marché laissé à lui-même, mais probablement par la main de l'État chinois, qui a restructuré lui-même les secteurs industriels exportateurs ou stratégiques, par exemple celui du téléviseur, à partir de la centaine d'entreprises qui s'étaient développées il y a vingt ans. Idem pour l'informatique, avec l'émergence de Legend, devenu Lenovo, qui a racheté l'activité ordinateurs d'IBM et est désormais le n° 1 mondial. Ou encore Huawei et ZTE, équipementiers télécoms, qui ont littéralement ratissé leurs concurrents occidentaux, après les avoir choyés pour apprendre – leur prendre, plutôt – les technologies. Car lorsque la Chine a accepté la présence de compagnies étrangères sur son sol, c'était avant tout pour bâtir des capacités de production locales. Les fabricants d'automobiles occidentaux, qui ont profité de très belles années en Chine, vont bientôt s'en apercevoir. Le coût du travail n'explique donc pas tout du succès chinois. Il y a eu une volonté constante des dirigeants pour élaborer et suivre une politique industrielle multisectorielle, privilégiant l'intérêt national à tout instant et en toutes circonstances. Tout cela n'est guère libéral.

Il pourrait sembler que la Chine, lorsqu'elle a choisi de se développer et de renouer avec le capitalisme, a bien appris par cœur le manuel élaboré par le Fonds monétaire international. Ce n'était pas pour l'appliquer, mais pour faire, point par point, le contraire de ce qui y était recommandé. En ce sens, le travail des technocrates libre-échangistes n'a pas été inutile : ils ont désigné les routes à ne pas suivre. Curieusement, ce fait ne trouble personne à Washington, là où se trouve le siège de cette noble institution et où travaille une armée d'économistes : les ressorts de la *success story* du siècle ont largement échappé à ces spécialistes du développement.

Dans un tel environnement, toute « sortie par le haut », comme en rêvaient les analystes de la mondialisation heureuse, se révèle difficile. Le temps que nous développions nos emplois à haute valeur ajoutée, la Chine et ses émules nous aurons déjà rattrapés. Dans la dernière décennie, la France a dû céder sur les télécoms, la chimie, l'automobile, trois secteurs naguère puissants chez nous, qui voient leur production dans l'Hexagone diminuer, voire disparaître, à cause de l'irruption de la Chine sur le marché mondial (pour la chimie et les télécoms) et de l'élargissement de l'Union européenne aux ex-pays de l'Est (pour l'automobile, car c'est là que sont désormais fabriqués les petits véhicules, force française il n'y a pas si longtemps).

Il y a du reste un problème français bien spécifique. Avant l'euro, les productions industrielles française et allemande connaissaient un taux de croissance voisin. Depuis l'euro, elles ont divergé, et plus encore depuis la Grande Récession, qui a mordu bien davantage l'industrie tricolore. Au point que sur la période 1995-2013, l'Allemagne a connu une progression de 41,1 % de l'activité de ses usines, alors que la France voyait sa production *chuter* de 6,5 %. Les quinze dernières années ont été pour la France un Verdun industriel.

Il subsiste bien quelques secteurs d'excellence, l'agroalimentaire, le luxe, la pharmacie et l'aéronautique. Mais pour combien de temps ? L'économiste Jacques Sapir cite dans un ouvrage récent[11] un indice de similitude des exportations, qui compare à intervalles réguliers les ventes à l'étranger des pays émergents à celles qui sont effectuées par les pays de l'OCDE. Depuis les années 1970, la similarité progresse fortement pour la Chine, la Corée du Sud, Taïwan et le Mexique. Et, quand bien même nous parviendrions à préserver dans un monde ouvert nos quelques fers de lance émoussés, que faire des salariés non qualifiés ? L'idée selon laquelle toute la population active serait formée à haut niveau est absurde. Et contraire à ce que l'on observe en France, où l'élite est de mieux en mieux formée, tandis que la masse voit son niveau relatif de culture décliner, comme en témoignent les études PISA (Programme for International Student Assessment) de l'OCDE depuis déjà plusieurs années.

La conversion d'un libéral

Tout observateur de bonne foi ne peut qu'arriver à cette conclusion étonnante, qui malmène le prêt-à-penser avec lequel les politiques économiques contemporaines sont construites : du strict point de vue économique, le libre-échange commercial n'offre pas d'avantage significatif par rapport au protectionnisme. Il apporte parfois des bénéfices, sous la forme de croissance et de revenus supplémentaires. Mais ces dividendes sont livrés avec des coûts de distribution élevés. Car le marché est aveugle et sourd aux inégalités et à la vie des peuples. Il choisit ses élus et les couvre d'or, sans se soucier un instant des autres. Le libre-échange commercial et financier, la mondialisation en somme, demande aux peuples de s'adapter et de ne pas se mettre en travers des autoroutes qu'elle a construites. Circulez, et laissez passer les convois internationaux ! Dans ce système, c'est sur la société que sont reportés tous les efforts d'ajustement : mobilité, flexibilité, baisse des salaires. La mondialisation consacre la domination des mobiles sur les immobiles, des forts sur les faibles, des gros contre les puissants. Ce rapport de force est parfois toléré, même encouragé par les sociétés, on l'a vu à la fin du dernier siècle. Certains pays le supportent mieux que d'autres, le Royaume-Uni mieux que la France par exemple, pour des raisons qui tiennent à sa culture et à son histoire. Mais de temps à autre, il est contesté, récusé, mis à bas par des révolutions brutales ou progressives, bruyantes ou silencieuses.

Aujourd'hui, l'époque n'est plus au libre-échange, et pas davantage à la mondialisation financière. Cette époque est révolue, comme elle l'a été dans les années 1870 ou dans les années 1930. Écoutons encore une fois les témoins – et acteurs – de ces retournements. Keynes, tout d'abord, dans un texte de 1933 qui signe sa conversion : « Comme la plupart des Anglais, j'ai été élevé dans le respect du libre-échange, considéré non seulement comme une doctrine économique qu'aucune personne rationnelle et instruite ne saurait mettre en doute, mais presque comme une composante de la morale. Je considérais les entorses à ce principe comme stupides et scandaleuses [...]. En 1923, j'écrivais encore que le libre-échange s'appuyait sur des vérités fondamentales qui, énoncées avec les réserves d'usage, ne pouvaient être contestées par quiconque qui comprend le sens des mots [...]. J'ai cependant changé d'orientation, comme beaucoup de mes contemporains [...]. C'est un long processus que celui de s'arracher à des modes de pensée qui étaient ceux d'avant la guerre, ceux du XIXe siècle. Il est surprenant de constater combien un esprit traîne d'oripeaux obsolètes même après avoir changé ses conceptions centrales. » Et l'économiste britannique poursuivait : « L'internationalisme économique, avec ce qu'il comporte de libre mouvement de capitaux et de fonds à investir, aussi bien que de libre échange de marchandises, peut condamner mon propre pays, pour une génération, à un niveau de prospérité matérielle inférieure à celui qu'il pourrait atteindre dans un système différent[12]. »

Pendant ce temps, de l'autre côté de la Manche, certains membres de l'élite française faisaient exactement le même constat et amorçaient un tête-à-queue idéologique semblable.

Trois enjeux pour une protection

L'enjeu du régime de protection qu'il nous faut élaborer aujourd'hui est triple. Il s'agit tout d'abord de sauver les classes moyennes, groupe social clé pour la stabilité et la prospérité de nos sociétés. Elles sont aujourd'hui malmenées. La pyramide sociale est désormais pincée en son milieu et ressemble à un « sablier », selon l'expression du journaliste Jean-Marc Vittori, dissymétrique, avec une petite tête et un gros ventre. Nombre des habitants du milieu de la pyramide ont été aspirés vers le bas, chez les plus vulnérables. Une petite partie des « moyens » – un dixième, dans les pays développés – s'est au contraire élevée à l'étage supérieur, chez les favorisés, où elle a vu ses revenus fortement progresser.

En ce sens, le combat pour remuscler l'industrie française n'est pas seulement économique, il touche à l'organisation de la société. La tertiarisation de nos économies a donné un coup d'arrêt à la mobilité sociale que lui avait procurée l'industrie. Car le monde des services est beaucoup plus inégalitaire que celui de l'industrie, se partageant entre la masse des services de proximité sous-payés et les services de haute valeur ajoutée, la finance, le conseil, l'audit, où les salaires sont élevés. Sans passerelle entre les deux univers.

Le second enjeu de la protection est tout aussi essentiel, dans le cadre macroéconomique qui est le nôtre : rétablir la demande finale, anémiée, pour retrouver un cycle de croissance longue, qui est parfaitement à notre portée. Jusqu'en 2007, alors que cette demande semblait dynamique, elle était en réalité dopée au crédit. Aux États-Unis, les « mortgage equity withdrawals » ont été le moyen privilégié de financer le bond extravagant qu'a connu la consommation pendant ces années. M. Smith, voyant la valeur de sa maison progresser, s'en allait voir son banquier pour hypothéquer le logement à la hauteur de la plus-value potentielle… Ces mécanismes vicieux, par lesquels on a gagé la croissance sur une bulle immobilière, ont généré jusqu'à 2 % de croissance du pib par an, entre 2004 et 2006, c'est-à-dire plus de la moitié de l'activité. En Europe, les circuits étaient différents mais la logique identique : la croissance aussi a été construite sur du sable, avec des crédits qui n'ont aucune chance d'être remboursés parce que la progression des revenus – ceux des ménages et des États – ne sera pas suffisante pour le faire. Quant aux marchés émergents, ils ont aussi développé chacun une variante de la maladie de l'endettement excessif : ce sont les ménages au Brésil, les entreprises publiques et les collectivités locales en Chine.

En bref, le monde entier s'est endetté, faute de demande solvable. Que s'est-il passé pour que les revenus du travail distribués ne suffisent plus à alimenter la chaudière de l'économie mondiale sans l'adjuvant du crédit ? Faisant jouer la concurrence entre les pays, les entreprises ont déprimé leurs propres marchés. Et ont inventé, avec l'hyperglobalisation de la fin de siècle, l'antifordisme. Là où Henry Ford augmentait les salaires pour vendre davantage de ses voitures, ses successeurs ont considéré le prix du travail seulement comme un coût. D'où leur quête incessante du salaire le plus faible sur la planète, pour servir les deux maîtres de l'économie mondialisée, le consommateur et l'actionnaire. Le seul problème, c'est que le consommateur est aussi un salarié. Ne voyant pas son salaire progresser, ou ne (re)trouvant pas de travail, il s'est endetté. Ou bien les États l'ont fait à sa place, pour financer les transferts comme en France. Ce qui revient exactement au même, puisque l'État tire ses revenus… des impôts, qui pèsent *in fine* sur le consommateur. Plus les revenus salariaux étaient compressés, plus la dette se dilatait. Couple étrange que ces deux indicateurs déformés de façon symétrique par un libre-échange non tempéré.

Autrement dit, le protectionnisme ne servirait pas seulement à préserver nos industries d'une concurrence dénaturée, mais à rétablir la mécanique de la croissance en faisant monter les salaires.

Le troisième et dernier enjeu touche à l'inflation. On l'a vu, c'est la mondialisation qui a fait chuter la croissance des prix, partout sur la planète, avec la concurrence qu'elle a entretenue entre les firmes. Rivalité première, qui déclenche une lutte entre les États et entre les salariés pour attirer les entreprises : les États baissent leurs impôts sur les multinationales et les salariés voient leur rémunération baisser pour le même objectif. Rétablir les frontières, au moins avec les pays dont les salaires sont beaucoup plus faibles que les nôtres, ferait repartir la hausse des prix. Les producteurs et les salariés rééquilibreraient le rapport de force avec le consommateur, et se vengeraient – un peu – sur lui.

Ce serait une très bonne chose. Car l'inflation permettrait d'éroder l'énorme stock de dette accumulé sur la planète, qui pèse sur la reprise. Avec une hausse annuelle des prix de 3 à 4 %, il suffirait de quelques années pour amputer la dette d'un tiers et la ramener à un niveau acceptable. Cela ne changerait pas sa valeur en euros ou en dollars, bien sûr, mais sa valeur relative, mesurée par rapport aux salaires et à la quantité de richesses produites : sa part dans le pib diminuerait, et c'est le plus important. L'inflation permettrait de réaliser le rêve de l'emprunteur surendetté, faire une faillite partielle, discrète et libératrice.

Partout dans le monde, les banques centrales tentent depuis des mois de faire remonter les prix, justement pour faire fondre la dette. Effort paradoxal, alors qu'elles ont consacré les trente dernières années à tenter de remettre le dentifrice dans le tube, après les chocs pétroliers qui avaient fait grimper les prix. Mais aux États-Unis et en Europe, l'inflation se promène autour de 1 % annuel, alors qu'elle reste à zéro au Japon. Des chiffres anormalement bas, qui témoignent d'une demande évanescente. Jusqu'ici, les banques centrales ont utilisé massivement la création monétaire, dans l'espoir de faire bouger les étiquettes et donc progresser le pib. Le problème que cela soulève est double. À court terme d'abord, cela ne marche pas très bien. Au Japon, le zéro a été obtenu péniblement, après avoir déversé une marée de yens alors que la hausse des prix était négative. À long terme ensuite, personne ne connaît les effets de ce traitement. Jamais on n'a tenté une telle expérience avec la monnaie, cette mesure précieuse de l'épargne et du travail accompli dont la corruption déclenche toujours des troubles sociaux et politiques.

Peut-être l'inflation est-elle tapie, pour se réveiller à l'occasion d'un changement brutal d'état d'esprit – son mécanisme tient pour une part importante à la psychologie collective. Peut-être allons-nous subir une très forte inflation, après avoir peiné à la réveiller ? Personne ne sait faire « un peu » d'inflation avec ces méthodes de création monétaire, dans une situation de demande déprimée comme celle que nous connaissons. Alors que le cloisonnement des économies des grandes régions mondiales, sinon des pays eux-mêmes, permettrait de régler le curseur à un niveau intermédiaire.

CHAPITRE 9

Alors, comment faire ?

Les techniques de la protection sont bien connues. Il y a bien sûr le relèvement sélectif des droits de douane, en fonction des produits et des pays. Car le multilatéralisme actuel, consistant à accorder à tout le monde les mêmes privilèges commerciaux, selon la règle de l'OMC, est une aberration. De nombreux travaux, comme ceux du Prix Nobel Maurice Allais, soulignent que le libre-échange est tout à fait praticable entre pays qui ont peu ou prou le même niveau de revenu et de développement. Il ne crée pas alors autant d'inégalités. On pourrait objecter qu'à bloquer les flux commerciaux en provenance des pays pauvres on les prive d'utiliser le seul avantage comparatif dont ils disposent, les faibles salaires.

Ce serait oublier les déséquilibres profonds provoqués par les échanges mondiaux dans ces pays : appropriation des richesses par une minorité avide ;

disparition des classes moyennes ; déséquilibre dans l'occupation de l'espace et rupture des cultures locales. Quant aux pays émergents comme la Chine, la question des préférences à leur accorder ne se pose même plus, à cause de la progression du niveau de vie dans les régions côtières, de la manipulation monétaire à laquelle se livre Pékin et de la prédation que la Chine a exercée sur une part croissante des secteurs industriels mondiaux.

Paradoxe d'aujourd'hui, après avoir démantelé toutes les protections douanières et s'être interdit de dévaluer en rejoignant l'euro, la France se trouve contrainte, pour rétablir sa compétitivité, de mettre en œuvre la « TVA sociale », c'est-à-dire d'augmenter la taxe sur la consommation à compter du 1er janvier 2014 pour financer une (petite) baisse du coût du travail faiblement qualifié. Le but de l'opération est de subventionner légèrement le « *made in France* ». Mais la subvention sera en partie annulée par la hausse de la TVA, qui va bien sûr frapper aussi les produits fabriqués en France. Alors qu'en augmentant les tarifs aux frontières, seuls seraient frappés les produits désignés comme pénalisants pour l'économie française ou européenne.

Le commerce sans entrave reste évidemment possible entre pays de même niveau. Au sein de l'Union européenne par exemple. Mais gare à la naïveté. La création d'un marché unique associant à l'Europe les jeunes démocraties de l'Est s'est payée, dans le secteur du bâtiment ou de l'agriculture, par la concurrence d'une main-d'œuvre expatriée qui travaille, en France ou en Allemagne, aux conditions salariales et sociales dégradées, celles de la Roumanie et la Bulgarie notamment. Cette politique est dévastatrice, car elle condamne à la disparition nombre de nos entreprises, qui ne luttent pas à armes égales sur leur propre marché national. Il faut la remettre en cause et rétablir les frontières pour le marché du travail. Ou, à tout le moins, prolonger et renforcer la période de transition qui protège les secteurs concernés le temps du rattrapage des salaires.

Idem pour le traité de libre-échange qui se négocie actuellement entre l'Union européenne et les États-Unis. Passons sur les énormes dividendes que nous devrions retirer de l'accord, en matière de croissance et d'emploi, selon la Commission européenne. Ces calculs n'ont aucun sens. Il est impossible de modéliser un système d'une telle complexité sans s'appuyer sur des présupposés qui surdéterminent le résultat et biaisent les conclusions. De telles études stupides avaient déjà été réalisées sur les bénéfices supposés de l'union monétaire. La réalité s'est chargée de leur faire justice.

Sur le papier, États-Unis et Europe sont deux entités au niveau de développement comparable et aux coûts du travail voisins. Mais dans la réalité, les choses sont bien différentes. D'abord parce que nombre de produits américains sont fabriqués dans les arrière-cours industrielles de l'Oncle Sam : la Chine bien sûr (on l'a vu avec l'exemple d'Apple) et le Mexique (avec lequel les États-Unis sont liés par un marché unique qui a déjà une vingtaine d'années, l'ALENA). L'Europe négocie donc un traité de libre-échange non seulement avec les États-Unis mais, implicitement, avec son grand voisin du Sud. Qui n'a pas du tout les mêmes coûts unitaires.

Ensuite, l'industrie américaine profite d'un choc de compétitivité autrement plus efficace que celui qui a été initié en France par le rapport Gallois en novembre 2012 : le prix de l'énergie a été divisé par deux, depuis la découverte et l'exploitation des gaz de schiste. Elle a donc des coûts de production bien meilleurs que les nôtres. Il faudrait s'y préparer si d'aventure le traité commercial transatlantique survivait aux nombreuses embûches qui, fort heureusement, l'attendent dans les années qui viennent. Laisser franchir sans taxes les frontières de l'Europe aux biens industriels américains – c'est déjà largement le cas aujourd'hui – revient à subventionner l'énergie du gaz de schiste là-bas, alors que nous interdisons chez nous jusqu'aux forages exploratoires ! Ultime absurdité, l'essor des schistes a fait plonger le prix du charbon, dont le minerai est désormais exporté par les États-Unis en Allemagne, qui le brûle pour faire de l'électricité en Europe avec une pollution importante… Carton plein pour l'Europe, qui n'a pas plus de politique commerciale que de politique énergétique.

Autre aspect essentiel de la protection, la politique industrielle. Décrié depuis l'Acte unique par la Commission européenne, l'élevage de « champions » nationaux et européens redevient une nécessité stratégique. D'abord pour reconstruire sur les ruines laissées par vingt années de négligence et d'érosion de la compétitivité française. Il va falloir reconstruire les filières déficientes, patiemment. C'est le travail d'une génération. Il faudra associer la politique commerciale, pour abriter les entreprises, la politique d'éducation et de formation professionnelle, pour entretenir ou même rétablir les compétences, l'écosystème du financement, mal en point alors que la crise a raréfié le crédit bancaire en Europe, et bien sûr celui de l'innovation. Cette tâche titanesque ne peut être laissée au seul marché. Il faut ici prendre modèle – c'est un comble – sur la Chine et les nouveaux pays industrialisés d'Asie orientale, pour regrimper les barreaux de l'échelle que nous avons descendus insensiblement, engourdis par les discours sur la « désinflation compétitive » et le marché unique qui devait rendre nos industries plus efficaces.

La posture libérale traditionnelle dénie à l'État la compétence pour choisir de façon efficace les secteurs industriels qui doivent être protégés. Comme l'État n'est pas connecté aux réalités du marché, il commet des erreurs, inspirées par une conception un peu naïve de l'intérêt national, ou par copinage. Ou par bêtise. Cette critique ne peut être ignorée. Il suffit de se souvenir du gâchis de ressources lorsque la France a choisi de soutenir les micro-ordinateurs français pour équiper les salles de classe.

Des machines Thomson inutilisables, qui sont restées dans les cartons empoussiérés. Autre exemple, lors de l'arrivée de l'internet, la Direction générale des télécommunications, qui allait devenir France télécom, était convaincue que cette technologie n'était qu'une mode passagère. Elle a tenté de dissuader les services publics français de s'installer sur le web, leur recommandant de se développer sur un outil que la planète allait bientôt nous envier, le Minitel.

Comme le marché sous-investit dans les secteurs non traditionnels, où le succès n'est pas assuré, le rôle de l'État pourrait être de combler ce vide. C'est ce qu'il a fait en France, dans l'énergie ou les transports, durant les Trente Glorieuses, avec un succès inégal mais pas négligeable. L'échec de l'aérotrain d'Orléans a été largement compensé par le succès du TGV, à l'intérieur des frontières. Reste l'éternelle difficulté de la politique industrielle : sélectionner les « bons » secteurs à protéger, ou au moins une proportion suffisante. Pour atténuer cet obstacle, Dani Rodrik recommande de retourner la formule : le critère de succès pour une politique industrielle n'est pas de sélectionner seulement les secteurs gagnants, ce qui serait une tâche impossible, dit-il, mais de couper les vivres aux perdants, ce qui est beaucoup plus facile, parce que la décision est prise *ex post*, au vu des réalités du marché[1]. Elle ne demande ni intuition visionnaire ni chance particulière, mais simplement du courage politique pour combattre les lobbys qui se nourrissent de subventions et de protections.

Le dernier élément de la protection touche au fonctionnement des marchés et de l'activité bancaire. C'est une activité indispensable à la croissance. Les métiers de l'argent nous relient à notre propre futur. Épargner, c'est acheter un peu de liberté demain, au détriment du présent. S'endetter, c'est au contraire hypothéquer un peu l'avenir pour améliorer le présent. Investir, c'est façonner l'avenir. Ces arbitrages sont essentiels à la vie des hommes. C'est la monnaie qui les autorise et l'industrie bancaire qui les réalise, transformant des dépôts, l'argent des ménages notamment, en crédits pour financer l'économie.

Indispensable à la croissance, l'industrie de la banque est pourtant dangereuse. Parce qu'elle repose sur la confiance des déposants quant à la sécurité et la disponibilité de leurs avoirs. Je ne concède mon argent à la banque que si j'ai la certitude de le récupérer et d'en user lorsque je le souhaite. Que cette certitude ne soit plus absolue, et c'est le « run » bancaire.

Si ces mésaventures ne sont pas arrivées à grande échelle en France, au Royaume-Uni ou en Allemagne pendant la crise actuelle, c'est parce que les États ont assumé le risque de contrepartie. En cas de problème, ils aident ou nationalisent les établissements en difficulté. Et lorsqu'il faut éponger les pertes, on appelle le contribuable à la rescousse.

C'est ce que Paris a fait lors de la faillite du Crédit Lyonnais, et encore tout récemment, à hauteur de six milliards d'euros, pour renflouer Dexia. L'Allemagne a opéré de la même façon pour assainir ses banques régionales en constituant une « bad bank » garantie par les fonds publics. Et les États-Unis ont fait de même lorsqu'il a fallu sauver Citigroup ou l'assureur AIG. Seul le politique peut décider de mobiliser l'argent du contribuable pour épargner le déposant. Or, il n'y a de pouvoir politique démocratique et légitime que national. Le règlement d'une crise bancaire s'opère donc toujours dans un cadre national, sous la responsabilité des élus choisis par le peuple.

Ce lien politique essentiel à la stabilité des sociétés, qui assure l'argent des déposants avec celui des contribuables, justifierait à lui seul que l'on entreprenne la « redomestication » de l'industrie bancaire, c'est-à-dire son confinement plus strict dans les limites de la nation. N'est-il pas singulier que le payeur d'impôt breton ou provençal soit appelé pour passer la serpillière après les dégâts causés par le rachat d'un réassureur américain, FSA, par les dirigeants de Dexia, qui engageaient ainsi l'argent public en toute inconscience et en toute incompétence, sans même être surveillés ?

Une finance mondialisée est dangereuse parce qu'elle échappe à tout contrôle. Et les prétendues tentatives de réglementation postérieures à la crise n'ont pas du tout atténué son potentiel de destruction massive. D'abord parce que ces règles sont confuses, contradictoires, et qu'elles ne sont pas mondiales. Ensuite parce qu'il n'y a pas d'autorité internationale chargée de surveiller et, le cas échéant, de punir ou de démanteler. Tous les cas graves finissent sur le bureau du ministre des Finances du pays concerné. Il y a bien en cours d'élaboration une tentative d'union bancaire européenne, qui vise à mutualiser le règlement des faillites et à instaurer un organisme de supervision commune, mais elle se heurte au problème décrit plus haut : les pays les plus riches, l'Allemagne en tête, ne veulent pas payer pour recapitaliser les établissements des autres. L'Espagne s'est vu ainsi interdire l'accès au mécanisme européen de stabilité (MES) pour revamper ses caisses d'épargne effondrées par la chute du marché immobilier.

La solution la plus efficace serait donc de rétablir, au moins partiellement, les frontières, pour mieux faire coïncider le terrain de jeu de la finance et le cadre de la surveillance. Car c'est la divergence entre ces deux tracés qui explique la crise. Faute d'avoir pu mondialiser le cadre, il faut « nationaliser » la finance. Contrairement au protectionnisme commercial, qui rétablit les frontières pour protéger les nationaux des menaces extérieures, le protectionnisme bancaire vise, lui, à empêcher les nationaux de sortir trop facilement.

Faut-il par exemple interdire aux banques de détenir trop d'obligations souveraines de pays étrangers, fussent-ils en Europe ? Probablement. La détention, par les banques, de dette souveraine a été l'un des facteurs de propagation de la crise de l'euro, parce qu'elle a renforcé la dépendance mutuelle entre la solvabilité des banques et celle des États. Qu'apparaissent des doutes sur les comptes d'un État, et les banques plongent, parce qu'on sait qu'elles ont dans leurs coffres des titres publics qui peut-être ne seront pas remboursés. Or, si les banques font faillite, les États seront appelés à l'aide… et pourront faire faillite à leur tour ! Pour rompre ce cercle vicieux, il n'y a pas tellement d'autres options que rétablir en partie le contrôle international des capitaux, y compris au sein du marché unique européen, le temps que s'échafaude l'union bancaire, si jamais elle doit sortir des limbes. Contrairement à ce qu'ont fait les Européens, il vaut mieux commencer par le début. C'est-à-dire n'autoriser les libertés que si l'on s'est assuré que les risques ne sont pas trop élevés. Un simple principe de précaution…

Autre frontière à rétablir, qui n'est pas géographique celle-là, la séparation des activités de dépôts et d'investissement, pour confiner les activités plus risquées par nature et revenir à la situation qui prévalait dans les années 1990. La distinction est moins aisée à faire qu'il n'y paraît, car les clients de l'économie réelle ont besoin de services élaborés dans la finance virtuelle. Une couverture de change par exemple, qui garantit l'achat de devises à telle date à un cours convenu à l'avance, sur lequel l'entreprise peut construire son compte d'exploitation. Tous les lobbys financiers du monde renâclent à l'idée de cette séparation, car c'est sur les marchés qu'ils ont gagné des fortunes incommensurables. Mais l'un des leurs, Sandy Weill, a récemment expliqué que l'abolition de cette séparation, pour laquelle il avait œuvré afin de constituer le groupe qu'il dirigeait, Citigroup, était en réalité dangereuse, et qu'il fallait la restaurer. Il sait de quoi il parle, puisque c'est lui qui a mené cet établissement à la faillite… La finance doit réapprendre les limites. Ce n'est pas une question de morale, mais de sécurité pour les sociétés.

Reste enfin le protectionnisme financier, pour contenir les marées de capital submergeant les pays qui en sont victimes, provoquant des bulles spéculatives et des crises de liquidités lorsqu'elles se retirent brutalement. Là encore, il sera nécessaire de rétablir les frontières, en installant des postes de contrôle pour interdire l'arrivée massive d'argent, ou la taxer, ce qui revient à la dissuader. Certains pays comme le Brésil ou la Malaisie ont déjà mis en œuvre de tels contrôles pour maîtriser des flux de capitaux qui neutralisaient la politique économique. La phase de reflux que connaissent les pays émergents, à la mi-2013, va renforcer la nécessité de ces réflexions. Réflexions déjà entamées par le fameux consensus de Washington, qui est en train d'effectuer un virage complet. Une note publiée par le

Fonds monétaire en témoigne[2], rédigée sous l'égide d'Olivier Blanchard, l'économiste principal. Après avoir déposé une offrande symbolique au libéralisme dans le préambule, l'article détaille les risques de la mondialisation financière, sans tabou. Une vraie révolution, pour une institution qui recommandait la disparition des frontières et des contrôles. « On ne peut présumer que la libéralisation intégrale est un objectif approprié pour tous les pays à toutes les époques », expliquent ainsi les renégats. Le degré d'ouverture souhaitable varie selon les caractéristiques du pays, son niveau de développement, la robustesse de son système financier et la qualité de la supervision qu'il a élaborée…

À vouloir faire rentrer le génie dans sa lampe, ne prend-on pas le risque de brider la croissance ? À renationaliser ou régionaliser la finance, on augmenterait les coûts de financement pour les entreprises qui ont besoin de financements internationaux, ou pour des États nécessiteux qui tendent la sébile pour régler les dépenses publiques qu'ils ne parviennent pas à réduire. C'est au moins ce que vont nous expliquer les financiers. Mais que défendent-ils au juste ? L'intérêt général ou leurs bonus ? Réduire le coût de financement est-il acceptable si la contrepartie est un risque systémique plus important, qui pourrait mettre à bas tout l'édifice et faire grimper le chômage de dizaines de millions de personnes ? Une finance moins dangereuse est une finance démondialisée, où l'on a rompu les chaînes de causalité qui font de l'enchevêtrement des établissements financiers un jeu de dominos planétaire.

Le lien entre la croissance et le développement de la finance est d'ailleurs douteux. Certains vont même jusqu'à identifier une corrélation négative entre les deux. Ainsi une étude saisissante, conduite par deux spécialistes de la banque des règlements internationaux[3], conclut à la nocivité de la finance pour le développement d'une économie, au-delà d'un certain seuil – lorsque l'industrie de la finance atteint 3,5 % de l'emploi total – largement dépassé dans les pays occidentaux. Si la finance ralentit la croissance économique lorsqu'elle est trop développée, c'est parce qu'elle provoque des booms du crédit qui détournent les ressources productives des emplois véritablement utiles. En clair, une finance libéralisée et hypertrophiée accentue les cycles, stimulant l'investissement, par exemple dans l'immobilier ou dans les nouvelles technologies comme lors de la bulle internet, et provoquant des reflux préjudiciables à l'activité.

Voilà pour les orientations d'un protectionnisme moderne et lui-même tempéré, qui éloignerait un peu de la liberté le curseur de l'économie pour le rapprocher de la règle, l'objectif étant d'améliorer la sécurité et le bien-être de nos sociétés. Soit. Mais comment recréer des frontières dans un monde désormais irrigué par un réseau de communication global ? La technologie ne nous empêche-t-elle pas de choisir, ayant créé un espace virtuel mondial, qui structure notre vie économique, sociale et culturelle, un espace non fragmentable ? La question est sérieuse, mais pas insurmontable. D'abord parce que les éclipses précédentes de la mondialisation se sont produites alors que la technologie avait fait des progrès qui semblaient tout aussi inaliénables, à l'époque. Qui aurait pu imaginer la renaissance du protectionnisme après l'invention du télégraphe, du téléphone, et la mise en place des premiers câbles transatlantiques, qui facilitaient les communications internationales et avaient, déjà, connecté entre elles les grandes villes de la planète ? Internet provoque un changement de mesure dans l'instantanéité, la facilité, l'accessibilité, mais pas de nature.

Il est vrai que ce changement de mesure peut avoir des conséquences économiques, comme on l'a vu lors de la chute de l'activité parfaitement synchrone de tous les pays du monde, juste après la faillite de Lehman Brothers, en septembre 2008. Le dévissage de la production et des échanges a été non seulement universel, mais beaucoup plus brutal qu'en 1929, parce que les chaînes de production étaient devenues mondiales et que l'information se diffusait mieux et plus rapidement que dans l'entre-deux-guerres. C'est le paradoxe des réseaux de communication puissants que nous a apportés la modernité : ils conduisent les habitants du monde à penser et à faire les mêmes choses au même moment.

Pour autant, la technologie ne vit pas indépendamment des hommes. Elle sert toujours son maître, l'idéologie dominante. L'internet a ainsi été un auxiliaire du libéralisme, non pas par construction, mais parce que la pulsion libérale prévalait alors. Il a dynamité les rentes, les règles et les protections parce que nous lui avons demandé de le faire. Que l'humeur change, comme c'est probable dans les années qui viennent, et l'internet changera de fonction. De briseur de règles, il deviendra au contraire un instrument de contrôle et de surveillance. Cette perspective, qui n'est pas très réjouissante pour les libertés individuelles, commence à se dessiner. L'affaire Prism a révélé récemment la surveillance des communications privées du monde entier par les services américains, grâce aux nouvelles technologies et à la formidable puissance de calcul et de stockage qu'ont acquise les ordinateurs. Certains États, la Chine par exemple, autorisent une forme de liberté contrôlée sur l'internet et les réseaux sociaux, dans le but de surveiller les ennemis du régime et les contestataires. Petit à petit, la fonction des nouvelles technologies de l'information se transforme. Elles sont en train de changer d'allégeance, parfaitement en phase avec la société : plus de protection et davantage de règles. Il n'y a donc pas d'obstacle technologique au protectionnisme. À nous de calibrer le bon degré de surveillance, de le faire dans la transparence et sous le contrôle d'autorités politiques responsables devant les peuples.

L'autre argument sérieux questionnant la faisabilité du protectionnisme touche à l'Europe. Un protectionnisme français supposerait la rupture complète des engagements politiques et stratégiques qui sont les nôtres depuis la Seconde Guerre mondiale, ceux de l'Europe. Il aurait donc un prix élevé. Le bon périmètre de la protection est donc l'Europe, plutôt que la nation. Mais l'élaboration d'une telle politique à plusieurs est compliquée. Parce que les intérêts des différents pays européens ne sont pas toujours convergents. Protéger et revitaliser le secteur automobile est utile à la France et à l'Italie, spécialisées dans la fabrication de véhicules moyen de gamme, mais vu d'Allemagne, il s'agit d'une hérésie, après les performances à l'exportation des Audi et des BMW. La culture industrielle, l'organisation sociale, l'histoire et les traditions, les préférences collectives, tous ces ingrédients expliquent nos différences et ils ne sont pas modifiables, sauf à très longue échéance. Pour ce qui est du futur prévisible, les Italiens ne deviendront pas des Allemands, et pas davantage des Français. Il faudra donc faire des compromis. L'Europe en a l'expérience, sinon l'habitude.

Restera la question allemande. Dès qu'il s'agit d'envisager une option politique importante, nous voici partis à Berlin par la pensée : les Allemands seront-ils d'accord ? L'Allemagne de l'après-guerre s'est investie dans la réalisation du « miracle » économique, qui se mesurait avec la progression d'excédents libellés en milliards de Deutsche Mark. Voilà donc plusieurs décennies que l'énergie collective de nos voisins est tournée vers les marchés internationaux, avec une forme d'excès exprimant un désir de réussite insatiable. Peut-on croire que cette Allemagne devienne protectionniste ? La querelle sur la taxation des panneaux solaires chinois, au printemps 2013, décidée par la Commission européenne et critiquée par Berlin, a bien montré que les Allemands ne voulaient à aucun prix prendre le risque de rétorsions de la part de Pékin. La Chine est en effet le premier marché mondial pour les constructeurs automobiles Volkswagen et Audi, et le deuxième pour le fabricant de matériel de transport et électrique Siemens.

Mais ces positions ne sont peut-être pas intangibles. On a vu souvent, dans l'histoire, une alternance entre libre-échange et protectionnisme, en fonction des intérêts du pays, changeants eux-mêmes selon les transformations de l'économie nationale. L'Allemagne ne peut aller durablement bien si ses partenaires et voisins ont une compétitivité détériorée et une demande en berne. Surtout si les émergents sont rattrapés à leur tour par le ralentissement, qui n'offriront plus d'exutoire au « *made in Germany* ». Les voisins de l'Allemagne, France en tête, sont donc en meilleure position stratégique qu'il n'y paraît pour infléchir la ligne berlinoise.

C'est tout le problème de la politique mercantiliste d'accumulation de l'Allemagne (et de la Chine) : elle se met en péril elle-même, à cause des déséquilibres macroéconomiques qu'elle déclenche. On ne saurait à la fois imposer le rééquilibrage des comptes extérieurs des pays de l'Europe méridionale, leur demander de payer leurs dettes rubis sur l'ongle, les exposer à une concurrence internationale sans frein, pénaliser leurs exportations par une monnaie surévaluée et profiter de leur demande interne pour vendre des BMW. Il y a là une contradiction profonde, qui conduira à la dislocation de l'union monétaire. La protection sélective aux frontières et la réglementation minimale de la finance est l'un des moyens d'atténuer cette contradiction, en réanimant la demande intérieure. L'« hubris » empêche aujourd'hui les Allemands de s'en apercevoir. Mais la persistance des difficultés économiques dans la zone euro devrait leur ouvrir les yeux. L'Allemagne ne s'est-elle pas elle-même construite en dessinant des frontières douanières plus que politiques, avec le Zollverein, en 1834 ?

D'autant qu'il ne s'agit pas de refermer l'Europe, mais de trouver le bon équilibre entre le marché et la règle, entre l'ouverture et la protection. La crise que nous vivons depuis 2007 est un avertissement.

Une mondialisation sans butée provoque des déséquilibres macroéconomiques graves – l'endettement qui s'emballe – et elle déstabilise les sociétés, leur demandant trop de flexibilité pour un profit qui reste concentré dans un petit nombre de mains. Elle reporte sur les plus vulnérables les ajustements les plus difficiles. Ce n'est pas juste. Et, à terme, ce n'est même pas efficace.

Chaque fois que la mondialisation non tempérée a été expérimentée, depuis la naissance des démocraties d'opinion, c'est-à-dire depuis un bon siècle, elle a conduit à un vif mouvement de réaction. Ce sont les tentatives illusoires pour rétablir le capitalisme libéral d'avant 1914, dans des sociétés qui ne pouvaient plus le supporter, qui ont conduit les pays d'Europe dans les mains des nazis et des fascistes. Mais la fermeture totale ne peut pas davantage délivrer de bénéfices que l'ouverture à tout vent. Il n'y a pas d'exemple de pays qui se soient développés durablement sans échanges, fussent-ils encadrés.

Il nous faut donc retrouver l'esprit du compromis de Bretton Woods, cette conférence internationale tenue dans un établissement hôtelier de la Nouvelle-Angleterre en juillet 1944, qui avait reconstruit le système économique mondial. Ainsi avait été créé le socle des Trente Glorieuses, l'une des périodes de croissance les plus fortes qu'ait connues l'Occident. Les négociateurs, dirigeants politiques et les économistes – au premier rang desquels figurait Keynes, qui a été l'inspirateur de la conférence – sont alors parvenus à trouver l'équilibre entre les deux polarités opposées, liberté et protection. Le commerce a été libéralisé, mais seulement de façon graduelle et partielle – l'agriculture et les services avaient été exclus. Et avec de nombreuses clauses de sauvegarde et d'exemption[4]. L'investissement international était encouragé, mais il y avait des restrictions aux mouvements de capitaux. L'or était conservé comme référence, mais seulement pour le dollar américain, offrant un soubassement au système monétaire mondial sans la rigidité de l'étalon-or d'avant-guerre. Les taux de change étaient fixes, mais ajustables. Là encore, un bon compromis entre le besoin de stabilité du business et la possibilité occasionnelle de dévaluer, pour rétablir la compétitivité et les déséquilibres extérieurs sans heurts. Des organisations internationales ont été créées, Fonds monétaire et Banque mondiale – une organisation mondiale du commerce, un temps envisagée, a été exclue. Mais la prééminence des gouvernements nationaux était consacrée pour la conduite des politiques économiques, et plus encore celle du gouvernement américain, qui émettait de fait la monnaie mondiale. C'est à partir de Bretton Woods qu'ont été élaborés les États providence, qui étaient aussi une réponse aux tensions entre le désir naturel de sécurité des hommes et les aléas de l'ouverture internationale.

Comme le note l'historien Jeffry Frieden, c'est le succès même de Bretton Woods qui a causé sa perte. Le compromis ayant permis l'ouverture progressive, les marchés se sont internationalisés et développés de façon croissante, contournant les barrières installées initialement. Les règles elles-mêmes ont commencé à sembler inutiles, voire trop contraignantes, notamment aux États-Unis, engagés dans les guerres d'Asie du Sud-Est, lourdes à financer. En 1971, Washington suspendait la convertibilité du dollar en or, mettant fin *de facto* à l'arrangement conclu un quart de siècle plus tôt. La génération libérale avait alors justement vingt-cinq ans, elle allait bientôt prendre les commandes… Quarante ans plus tard, elle s'apprête à les rendre. Un nouveau cycle débute, celui de la fin de la mondialisation.

NOTES

INTRODUCTION

1. « Financial Globalization: Retreat or Reset? », McKinsey Global Institute, mars 2013.

2. « Eurozone Banks Retreat Behind Borders », *Financial Times*, 10 juin 2013.

3. « Financial Globalization: Retreat or Reset? », *op. cit.*

4. « WTO chief must show relevance by making progress on global pact », *Financial Times*, 7 mai 2013.

5. Jessica Tuchman Mathews, Andrew Kohut et J. Stapleton Roy, « U.S. Public, Experts Differ on China Policies », Pew Research Center, 18 septembre 2012.

6. Harold James, *The Creation and Destruction of Value*, Harvard University Press, 2009.

7. Mohamed Elrian, « Introducing The Reverse Volcker Moment », *Financial Times*, 20 septembre 2012.

8. Carmen Reinhart, « Le retour de la répression financière », *Revue de la stabilité financière*, avril 2012.

9. Harold James, *The End of Globalization, Lessons From the Great Depression*, Harvard University Press, 2001.

10. Niall Ferguson, « Sinking Globalization », *Foreign Affairs*, mars-avril 2005.

11. Fernand Braudel, *Civilisation matérielle, économie et capitalisme*, tome 3, *Le Temps du monde*, Armand Colin, 1979.

12. Stefan Zweig, *Le Monde d'hier*, Belfond, 1944 et 1993.

13. François Lenglet, *La crise des années trente est devant nous*, Perrin, 2007.

CHAPITRE PREMIER
L'âge d'or des marchands

1. John Kenneth Galbraith, *L'Argent*, Gallimard, « Idées », 1976.

2. Robert Driskill, « Deconstructing the Argument for Free Trade: a Case Study of the Role of Economists in Policy Debates », *Economics and Philosophy*, n° 28, 2012.

CHAPITRE 2
La machine à inégalités

1. Lawrence F. Katz et David H. Autor, « Changes in the Wage Structure and Earnings Inequality », *Handbook of Labor Economics*, 1998.

2. Dani Rodrik, *The Globalization Paradox: Democracy and the Future of the World Economy*, W.W. Norton and Company, 2011.

3. Daniel Cohen, *Richesse du monde, pauvreté des nations*, Flammarion, 1997.

4. Michael Kremer, « The O-Ring Theory of Economic Development », *The Quarterly Journal of Economics*, août 1993.

5. Gérard Moatti et François Lenglet, « Les vérités insolentes de Paul Krugman », *L'Expansion*, 20 février 1997.

6. Maurice Allais, *La Mondialisation, la destruction des emplois et de la croissance, l'évidence empirique*, éditions Clément Juglar, 1999.

7. Paul A. Samuelson, « Where Ricardo and Mill Rebut and Confirm Arguments of Mainstream Economists Supporting Globalization », *Journal of Economic Perspectives*, été 2004.

8. Paul A. Samuelson, « An Elder Challenges Outsourcing's Orthodoxy », *New York Times*, 9 septembre 2004.

9. Paul Krugman, « Trade and Wages, reconsidered », Brookings Panel on Economic Activity, février 2008.

10. Larry Summers, « America needs to make a new case for trade », *Financial Times*, 27 avril 2008, et « A Strategy to promote healthy globalization », *Financial Times*, 4 mai 2008.

11. Michael Spence, « The Impact of Globalization on Income and Employment », *Foreign Affairs*, juillet-août 2011.

12. François Bourguignon, *La Mondialisation de l'inégalité*, Seuil, « La République des idées », 2012.

13. *Ibid.*

14. Lilas Demmou, « La Désindustrialisation en France », Direction générale du Trésor du ministère de l'Économie, de l'Industrie et de l'Emploi, juin 2010.

15. François Bourguignon, *La Mondialisation de l'inégalité*, *op. cit.*

16. Dani Rodrik, *The Globalization Paradox: Democracy and the Future of the World Economy*, *op. cit.*

CHAPITRE 3
La grande illusion

1. Norman Angell, *La Grande Illusion*, Nelson Éditeurs, 1920.

2. Robert Kagan, *Le Retour de l'Histoire et la fin des rêves*, Plon, 2008.
3. Régis Debray, *Éloge des frontières*, Gallimard, « NRF », 2010.
4. Jeffrey Sachs, « Tripped up by Globalization », *Financial Times*, 18 août 2011.
5. Larry Summers, « A Strategy to promote healthy globalization », art. cité.
6. Dani Rodrik, *The Globalization Paradox*, *op. cit.*
7. Dani Rodrik, *Has Globalization Gone Too Far?*, Institute for International Economics, 1997.
8. Entretien avec l'auteur, en 2011.
9. Barry Eichengreen, *Globalizing Capital*, Princeton University Press, 2008.
10. Jeffry A. Frieden, *Global Capitalism, Its Fall and Rise in the Twentieth Century*, W.W. Norton and Company, 2006.

CHAPITRE 4
La crise permanente

1. Éric Chol, François Lenglet et Béatrice Peyrani, « Dragon blues, le récit des cent jours qui ont emporté le miracle asiatique », *L'Expansion*, 23 octobre 1997.
2. Barry Eichengreen et al., « La libéralisation des mouvements de capitaux, aspects analytiques », *Dossiers économiques*, n° 17, FMI.
3. Voir François Lenglet, *Qui va payer la crise* ?, Fayard, 2012.
4. Paul de Grauwe et Yuemei Ji, « Panic driven austerity in the Eurozone and its implications », 21 février 2013, publié par voxeu.org : http://www.voxeu.org/article/panic-driven-austerity-eurozone-and-its-implications

5. Daniel Gros, « The austerity debate is beside the point for Europe », CEPS Commentary, 8 mai 2013.

6. Paul Krugman, « How the Case for Austerity Has Crumbled », *The New York Review of Books*, juin 2013.

7. Carmen Reinhart et Kenneth Rogoff, « This time is different: a panoramic view of eight centuries of financial crisies », *NBER working paper series*, mars 2008.

8. « This time is different... », *op. cit.*

9. Simon Johnson, « The Quiet Coup », *The Atlantic Weekly*, mai 2009.

CHAPITRE 6
Quand la mondialisation s'arrête

1. Ronald Finlay et Kevin O'Rourke, *Power and Plenty*, Princeton University Press, 2007.

2. Fernand Braudel, *La Dynamique du capitalisme*, Seuil, 1988.

3. *Ibid.*

4. Harold James, *The End of Globalization, Lessons From the Great Depression*, *op. cit.*

5. Ronald Finlay et Kevin O'Rourke, *Power and Plenty*, *op. cit.*

6. Eric J. Hobsbawm, *L'Ère des révolutions, 1789-1848*, Fayard, « Pluriel », 2011.

7. Niall Ferguson, *Civilization, the West and the Rest*, Penguin, 2011.

8. Paul Bairoch, *Victoires et déboires*, tome 2, Gallimard, « Folio Histoire », 1997.

9. Eric J. Hobsbawm, *L'Ère des révolutions, 1789-1848*, *op. cit.*

10. Paul Bairoch, *Mythes et paradoxes de l'histoire économique*, La Découverte, 1999.

11. Eric J. Hobsbawm, *L'Ère des révolutions, 1789-1848*, *op. cit.*

12. Eric J. Hobsbawm, *L'Ère du capital, 1848-1875*, Fayard, « Pluriel », 2002.

13. Ronald Finlay et Kevin O'Rourke, *Power and Plenty*, *op. cit.*

14. Paul Bairoch, *Victoires et déboires*, tome 2, *op. cit.*

15. Eric J. Hobsbawm, *L'Ère du capital, 1848-1875*, *op. cit.*

16. *Ibid.*

17. *Ibid.*

18. John Maynard Keynes, *Les Conséquences économiques de la paix*, Gallimard, « Tel », 1919.

19. Kevin O'Rourke et Jeffrey G. Williamson, *Globalization and History*, MIT Press, 1999.

20. Paul Bairoch, *Victoires et déboires*, tome 2, *op. cit.*

21. Niall Ferguson, « Sinking Globalization », *Foreign Affairs*, mars-avril 2005.

22. Eric J. Hobsbawm, *L'Ère des empires, 1875-1914*, Fayard, « Pluriel », 1999.

23. Ronald Finlay et Kevin O'Rourke, *Power and Plenty*, *op. cit.*

24. Barry Eichengreen et Douglas A. Irwin, « The Slide to Protectionnism in the Great Depression, Who succumbed and Why? » *NBER working paper series*, juillet 2009.

25. Jeffry A. Frieden, *Global Capitalism, Its Fall and Rise in the Twentieth Century*, *op. cit.*

CHAPITRE 7
Les saisons du libéralisme

1. Niall Ferguson, *Civilization, the West and the Rest*, *op. cit.*

2. Francis Fukuyama, *La Fin de l'Histoire et le dernier homme,* Flammarion, 1992.

CHAPITRE 8
Trois idées reçues sur le protectionnisme

1. Larry Summers, « America needs to make a new case for trade », art. cité.

2. Emmanuel Todd, *Après la démocratie*, Gallimard, 2008.

3. François Bourguignon, *La Mondialisation de l'inégalité*, *op. cit.*

4. Maurice Allais, *La Mondialisation, la destruction des emplois et de la croissance, l'évidence empirique*, *op. cit.*

5. Jeffry A. Frieden, *Global Capitalism, Its Fall and Rise in the Twentieth Century*, *op. cit.*

6. Emmanuel Todd, *Après la démocratie*, *op. cit.*

7. Paul Bairoch, *Mythes et paradoxes de l'histoire économique*, tome 2, *op. cit.*

8. Dani Rodrik, *The Global Governance of Trade As if Development Really Mattered*, United Nations Development Program, octobre 2001.

9. Paul Bairoch, *Mythes et paradoxes de l'histoire économique*, tome 2, *op. cit.*

10. Dani Rodrik et Arvind Subramanian, *« Why Did Financial Globalization Disappoint? »*, Harvard University Press, mars 2008.

11. Jacques Sapir, *La Démondialisation*, Seuil, 2011.
12. John Maynard Keynes, « National Self-Sufficiency », *Yale Review*, juin 1933.

CHAPITRE 9
Alors, comment faire ?

1. Dani Rodrik, « What's so special about China's Exports », *NBER working paper series*, janvier 2006.
2. « Liberalization and management of capital flows: an institutionnal view », 14 novembre 2012.
3. Stephen Cecchetti et Enisse Kharroubi, « Reassessing the impact of finance on growth », *BIS working papers*, juillet 2012.
4. Jeffry A. Frieden, « Will Global Capitalism Fall Again? », Brussels European and Global Economic Laboratory, 2006.

TABLE

Troisième partie
Le protectionnisme, une solution ?

Photocomposition Nord Compo
Villeneuve-d'Ascq

Impression réalisée par
CPI BRODARD ET TAUPIN
La Flèche

pour le compte des Éditions Fayard
en septembre 2013

PAPIER À BASE DE FIBRES CERTIFIÉES

Fayard s'engage pour l'environnement en réduisant l'empreinte carbone de ses livres. Celle de cet exemplaire est de :
0,550 kg éq. CO_2
Rendez-vous sur www.fayard-durable.fr

Imprimé en France
Dépôt légal : septembre 2013
N° d'impression : 3001579
36-57-4413-5/01